Ⓢ新潮新書

遠藤 誉

ENDO Homare

毛沢東

日本軍と共謀した男

642

新潮社

毛沢東　日本軍と共謀した男――目次

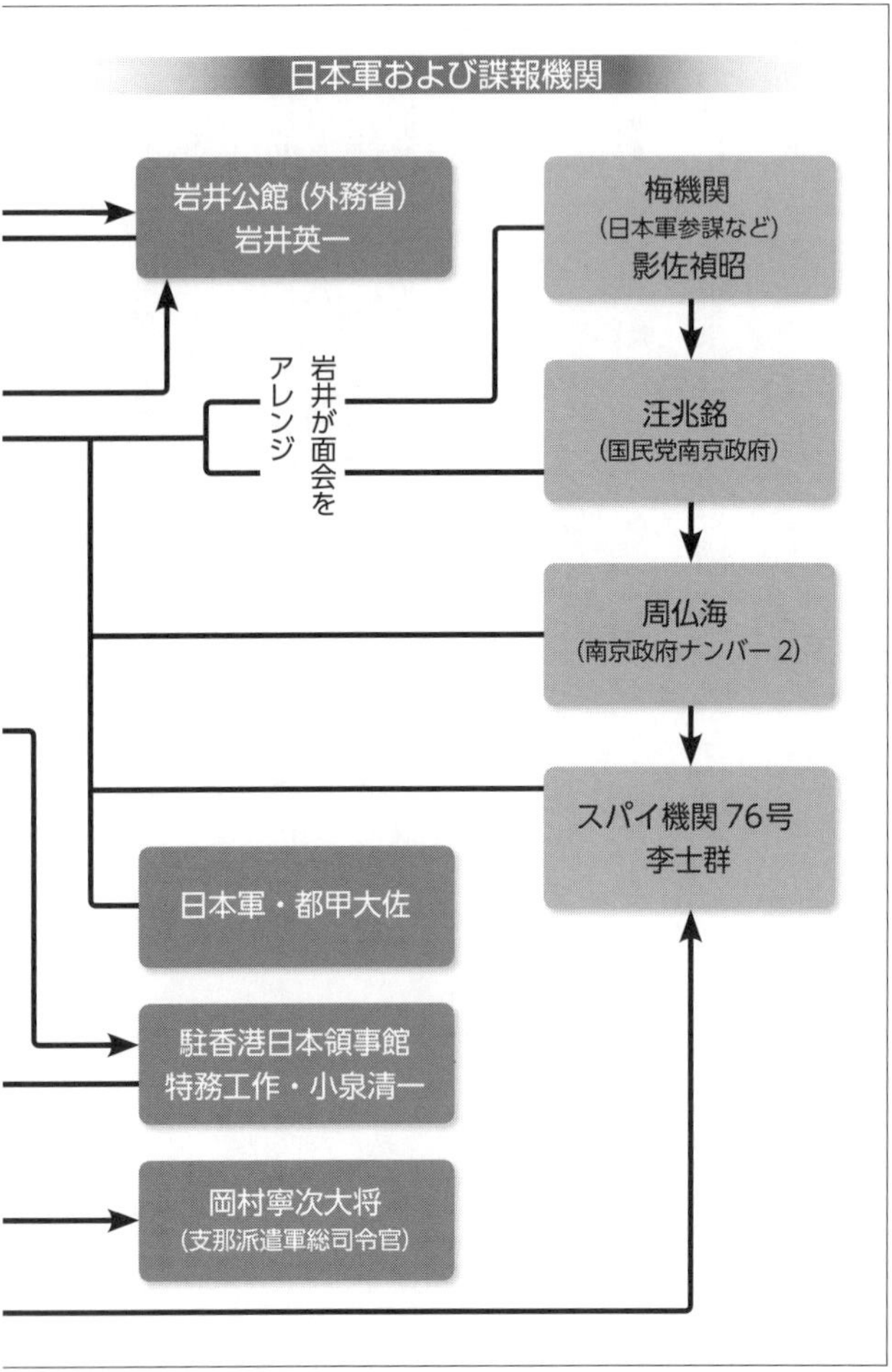
日本軍および諜報機関
岩井公館（外務省）
岩井英一
梅機関
（日本軍参謀など）
影佐禎昭
岩井が面会を
アレンジ
汪兆銘
（国民党南京政府）
周仏海
（南京政府ナンバー 2）
スパイ機関 76号
李士群
日本軍・都甲大佐
駐香港日本領事館
特務工作・小泉清一
岡村寧次大将
（支那派遣軍総司令官）

中共スパイと日本軍の共謀

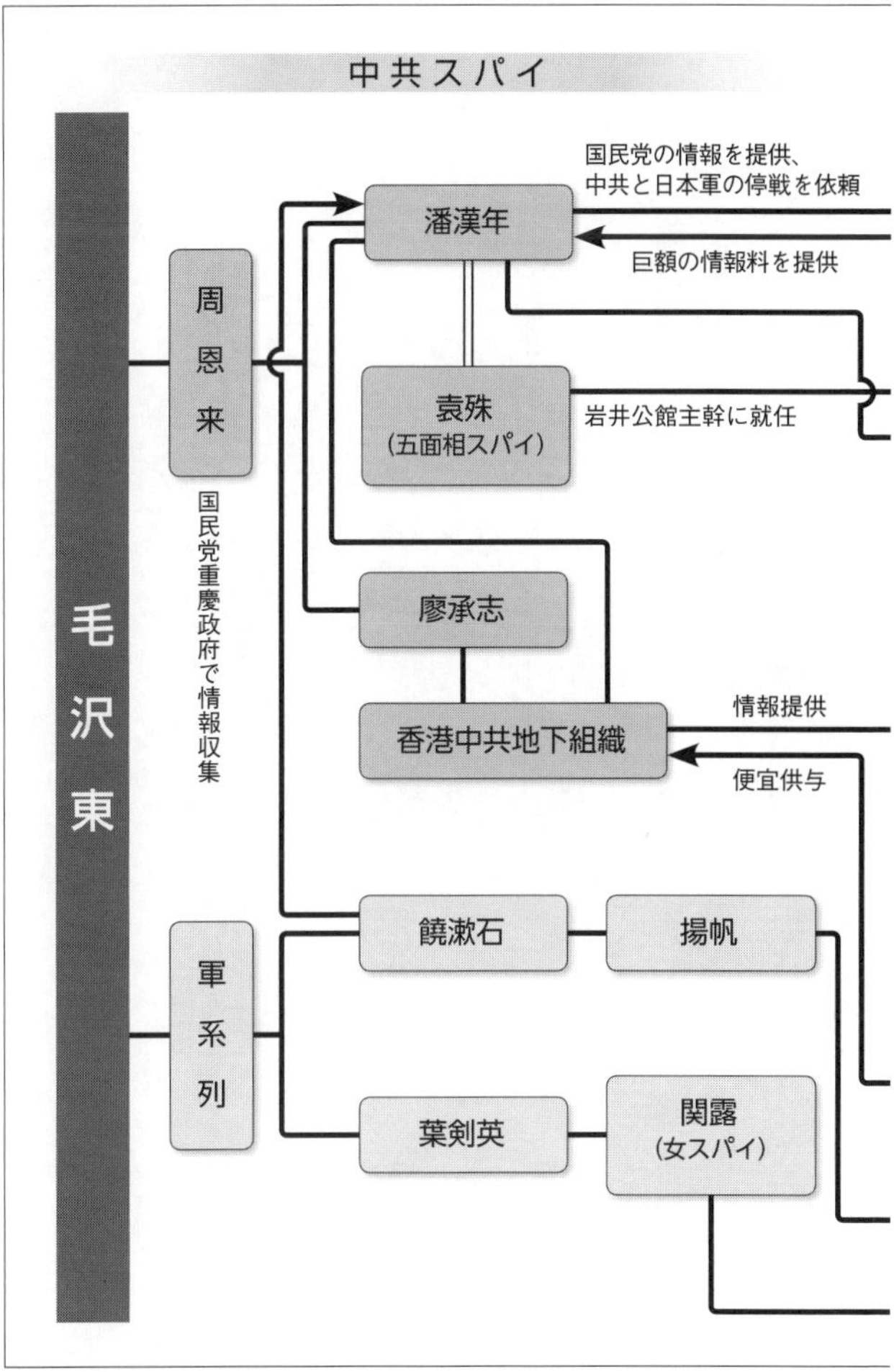

はじめに——中華民族を裏切ったのは誰なのか？

中国建国の父、毛沢東——。

中国人民は、日中戦争中、毛沢東が率いる中国共産党（中共）軍こそが日本軍と勇敢に戦い日本を敗戦に追いやったと教えられてきた。その間、国民党軍は本気で戦おうとしなかったとして、国民党軍を率いる蔣介石を売国奴と位置付け、ののしってきた。

台湾との平和統一が必要になった１９８０年代以降になると、ようやく「国民党軍も少しは戦ってきた」と修正するようになり、最近では「国民党軍も中共軍とほぼ同様に日本軍と戦った」とするドラマが制作されるなど、多少の改善は見られる。

それでも２０１５年９月３日に盛大に催された「中国人民抗日戦争勝利と世界反ファシズム戦争勝利70周年記念式典」に見られるように、日中戦争（中国では抗日戦争）において中共軍がいかに勇猛果敢に戦ったかということが基本に位置付けられている。その自己評価は時間の経過に逆行して高まるばかりだ。だからこそ、中国人民解放軍（中共軍）の軍事パレードを大々的に行なったのである。

しかし、もしその中共軍が実は日中戦争時代、日本軍とはあまり大きな戦闘は行なっておらず、それどころか日本軍と真正面から戦っている国民党軍を敗退させるべく、日本軍と共謀していたとしたら、どうだろう。

中国は、中共軍が日本軍を打倒したことによって誕生したとする神話が崩れるだけでなく、習近平政権の基軸も揺らぐだろう。

もちろん日中戦争における多少のゲリラ戦は、中共軍といえども戦ってはいる。しかし毛沢東が最大の敵としたのは国民党の蔣介石である。毛沢東は、国民党軍にできるだけ真正面から日本軍と戦わせ、機が熟したら、消耗しきった国民党軍を叩き自分が中国の覇者になろうと計算していたのだ。

そのため1939年、毛沢東は潘漢年《はんかんねん》という中共スパイを上海にある日本諜報機関「岩井公館」に潜り込ませ、外務省の岩井英一と懇意にさせた。岩井英一は潘漢年から国民党軍に関する軍事情報をもらって、その見返りに高額の情報提供料を支払っている。最も驚くべきは、潘漢年が毛沢東の指示により、岩井英一に「中共軍と日本軍の間の停戦」を申し込んでいたことだ。

1936年（実行は37年）以来、形の上だけだが第二次国共合作（国民党と共産党が協力して日本軍と戦う）をしていたので、中共軍が国民党軍の軍事情報を得ることは、たやすいことだった。一方、日本が日中戦争において戦っていたのは「中華民国」の蔣介石政権である。だから、日本側としては国民党軍に関する軍事情報を得られるのは戦争を有利に運ぶうえで、非常にありがたかったにちがいない。

毛沢東は1936年に西安事件（中国では西安事変、詳細は第三章）を起こして蔣介石を騙し、国民党軍が中共軍を叩けないようにしておいてから、「合作」を理由に国民党政府の禄《ろく》を食《は》み、軍服や武器を国民党政府から支給されながら、国民党軍の軍事情報を日本側諜報機関に売っていた。中華民族を売り、人民を裏切っていたのである。

毛沢東は実に頭のいい、希代《きたい》の戦略家であったということができよう。

毛沢東の密令により、潘漢年が接触したのは日本の外務省系列だけではない。当時の陸軍参謀にいた影佐《かげさ》禎昭《さだあき》大佐（のちに中将）とも密会し、汪兆銘《おうちょうめい》（中国では汪精衛）傀儡政権の特務機関「76号」とも内通している。すべて「中共軍との和議」を交渉するためだ。

1949年に現在の中国、すなわち中華人民共和国が誕生してまもなく、毛沢東は自らの「個人的な」意思決定により、潘漢年を逮捕投獄する。潘漢年は毛沢東の策略をあまりに知り過ぎていた。売国奴としてその口を封じられたまま、1977年に獄死している。1976年の毛沢東の死によって文化大革命は終わったものの、潘漢年の投獄は毛沢東じきじきの指示だったので、なかなか名誉回復されなかった。名誉が回復されたのは死後5年経った1982年のことである。

すると、潘漢年を知る多くの友人たちが、潘漢年の無念を晴らすために、彼にまつわる情報を集め始めた。そして、すべては「毛沢東の指示によって」中国共産党のために行動したのであるという事実を書き始めた。これらは、たとえば『潘漢年的情報生涯(潘漢年、情報の生涯)』(尹騏《いんき》著、人民出版社、1996年。以後、『潘漢年、情報の生涯』と表記。情報は中国語でスパイ情報の意味)や『潘漢年傳』(尹騏著、中国人民公安大学出版社、1997年)といった本として中国大陸で出版されている。

それだけではない。

覆い隠せなくなったのだろうか、潘漢年に関しては2005年に、そして岩井公館に潜り込んでいたもう一人の著名な中共スパイ・袁殊《えんしゅ》に関しては2011年に、なんと、中国で最も権威ある「中国共産党新聞」の電子版である「中国共産党新聞網」(網＝ウェブサイト）に、「あれは冤罪であった」として彼らの功績が讃えてあるのを発見した（袁殊も潘漢年逮捕と同時に連座で投獄されている）。

ただし注目すべきは、すべて「潘漢年も袁殊も、日本側から日本軍の情報を引き出し、中共軍が日本軍と戦うために有利となるようにスパイ活動を行ない、中共軍を勝利に導いた」という筋書きで組み立ててあることだ。

しかし事実はまったく逆であったことを、中共側資料と日本側資料は示している。

たとえば岩井英一自らの筆による回想録『回想の上海』（「回想の上海」出版委員会による発行、１９８３年）の中で、岩井英一は潘漢年を疑う余地もなく「日本側への情報提供者」として位置づけている。そして潘漢年が「中共軍と日本軍の停戦」を申し入れてきたことを、驚きをもって記している。

一方、『潘漢年、情報の生涯』や『潘漢年傳』もまた、潘漢年らが（情報提供料として）岩井公館から月に一回２０００香港元（当時の警察官の約5年間分の給料に相当）をもらっていたことを、ついうっかり書いてしまっているのである。もし中国共産党新聞網が主張するように、中共スパイが日本軍に関する情報を入手し延安にいた毛沢東らに渡す役割を果たしていたのなら（つまり、情報を入手するために岩井英一と接触していたのなら）、日本側から巨額の「情報提供料」をもらうのは、おかしいだろう。整合性がない。それに日本軍の情報入手のためにのみ潘漢年と袁殊がスパイ活動をしていたというのなら、毛沢東は何も潘漢年らを「知り過ぎていた男」として投獄し、終身刑にする必要はなかったはずだ。

毛沢東の戦略はあくまでも、天下を取るために政敵である蔣介石が率いる国民党軍を弱体化させることにあった。そのためには日本軍とだろうと、汪兆銘傀儡政権とだろうと、どことでも手を結んだということである。

この戦略は毛沢東の「帝王学」であることを認識しなければならない。毛沢東が信奉したのはマルクスレーニン主義ではなく、マルクスレーニン主義を利用した「帝王学」なのである。毛沢東にとって重要なのは人民ではなく、党であり、自分だった。自分が天下を取ることだけに意義がある。そのためなら何でもする。

潘漢年が上海でスパイ活動に走り回っていたころ、中共の特務機関の事務所（地下組織）の一つが香港にあった。そこには毛沢東の命令を受けた中共側の廖承志《りょうしょうし》と潘漢年らが勤務しており、駐香港日本領事館にいた外務省の小泉清一（特務工作）と協力して、ある意味での「中共・日本軍協力諜報組織」のようなものが出来上がっていた。

この廖承志は中華人民共和国が誕生すると、対外連絡部副部長や国務院外事弁公室副主任などを歴任し、日本の高碕達之助と協力して、1962年に中日長期総合貿易覚書に調印するなど、戦後日本とも深く関係した人物だ。当時の日中貿易を、廖（Liao）と高碕（Takasaki）のイニシャルを取ってLT貿易と称する。

毛沢東が潘漢年や袁殊を投獄しながら、廖承志を文化大革命のとき以外は特に投獄しなかったのは、一つには潘漢年よりも日本側との接触が密ではなかったため「知り過ぎた男」ではなかったからと、もう一つには廖承志が東京生まれで早稲田大学に通っていたため、日本人顔負けの日本語力を持っていたからだろう。

毛沢東は戦後も、「もう一度日本軍を利用しよう」と考えていた。

中華人民共和国が誕生したあと、国連は「中国を代表する国」として中華人民共和国を認めなかったし、認めてくれた国は非常に少なかった。建国後すぐに朝鮮戦争が起き、アメリカをはじめとした西側諸国を敵に回してしまったことも大きな原因の一つだ。

そのため毛沢東はなんとか日本を中国につなぎとめ、日本が中国を国家として承認するように力を注いだ。

そこで毛沢東がターゲットを絞ったのが、日中戦争時代の元日本軍将校たちである。

それも大将級の者を中国に招聘しようとした。

日本人にとって、「なぜ、こともあろうに敵であったはずの日本軍将校なのか？」という疑問が湧いてくることだろう。そこには特別の理由が潜んでいる。

実は日中戦争時、最後の支那派遣軍総司令官であった「岡村寧次大将」は、蔣介石の勝利宣言の内容と200万を超える軍民の迅速な日本帰国に力を注いでくれたことに感激し、蔣介石を尊敬するようになる。二人は深い友情をはぐくみ、まるでタイトロープを渡るようにして無罪の身で帰国できた岡村は、帰国後蔣介石のために「白団《パイダン》」という軍事顧問団を秘密裏に結成し、台湾に逃れた蔣介石の「大陸奪還」を手助けしようとするのである。それを知った毛沢東は、なんとしても岡村を自分の側に付けようとする。だから「大将級の元日本軍人を招聘したい」と希望した。

岡村は訪中を拒絶したので、元軍人団代表として訪中したのは遠藤三郎元中将だった。そのとき日本語通訳を担当したのは廖承志だ。

1956年に毛沢東は遠藤三郎らを中南海に招待し、「日本の軍閥が我々中国に進攻したことを感謝する。あの戦争がなかったら、私たちはいまここ（北京の中南海）にいない。あの戦争があったからこそ、まかれた砂のような人民が団結できた」と言う。

その後、多くの訪中日本人が毛沢東に会うたびに「謝罪」をするので、毛沢東は嫌気がさし、「皇軍に感謝する」を連発しながら「過去にこだわらない」考え方を一貫して主張するのである。

毛沢東のこれらの発言に対して、中国では苦しい解釈をしているが、日中戦争時代から始まり、毛沢東の日本軍との共謀と協力の意思は一貫しており、むしろ非常に正直である。日本は新中国（中華人民共和国）誕生後も続いていた心理的な「国共内戦」において、双方が「奪い合う対象」だったのだ。

毛沢東は「南京大虐殺」（日本では南京事件）に関しても触れたがらず、教育現場でも基本的に教えていない。それは中国人民の反日感情と日本国民の反中感情を抑えて日本を台湾の蔣介石側にではなく、毛沢東側につけておきたいという気持もあったろうが、最も大きいのは、南京事件が起きたとき毛沢東らは延安という山奥に逃げていて日本軍とあまり戦っていなかったからである。抗日運動の宣伝だけは大々的に行ない、一方では日本軍と共謀して蔣介石国民党軍の弱体化に力を注いでいた。「南京大虐殺」がクローズアップされると、その事実がばれてしまう。それを恐れたのだろう。

「南京大虐殺」が中国の教科書に載りはじめたのは、毛沢東逝去後、改革開放が始まってからのことだ。それは中国人民に大きな衝撃を与えた。そのため、80年代に入ってから靖国神社参拝に関しても激しい抗議運動が展開されるようになった。

毛沢東時代と比べると、今はなんと、様変わりしたことか。日本の歴史認識を糾弾することが中国の核心的な姿勢であり、外交カードとさえなっている。

その転換点をもたらしたのは江沢民の愛国主義教育だ。

江沢民の父親は日本が指揮する汪兆銘傀儡政権の宣伝部副部長であった。その出自がばれそうになったので、江沢民は愛国主義教育を反日教育の方に傾けていき、自分がいかに反日であるかを中国人民に見せようとした。江沢民は日中戦争時代、中共とはいかなる関連も持っていなかったので、毛沢東の深い策謀など知る由もない。だから中国で最も罪深いとされる漢奸（売国奴）でないことをアピールしようとした。それが現在の中国の若者たちの反日感情を煽り、胡錦濤前政権同様、習近平政権もまた「親日政府」「売国政府」と人民に罵倒されないために、対日強硬策を演じている。

実は毛沢東は生きている間、ただの一度も「抗日戦争勝利記念日」を祝ったことがない。それを祝うことは蔣介石を讃えることになると明確に認識していた。抗日戦争勝利記念日を全国レベルで祝い始めたのは、やはり江沢民だ。1995年9月3日に「世界反ファシズム戦争勝利記念日」と併せて祝ったのが最初である。

習近平政権が歴史カードをより高く掲げる背景には、アメリカを中心として形成されつつある民主主義国家の「普遍的価値観」による対中包囲網を切り崩したい狙いもある。「日本が歴史を直視しない」ということを国際社会の共通認識にして、日米同盟を強化する日本を批判の対象とすればアメリカの弱体化につながるという戦略だ。

本書では、毛沢東がいかにして日本軍と共謀し日本を利用したかを中心に、なぜ毛沢東が帝王学とも言える豪胆な戦略を生み出したのか、その立ち昇る執念と野望の源流を解き明かし、人間毛沢東を描くことを試みる。「歴史を直視しないのは誰か」を明確にすることにより初めて、現在の日中間に深く食い込む負のスパイラルに終止符を打つことができると固く信じる。

（注）なお、毛沢東は戦略的に中共軍が日本軍の前線で戦わないようにしたが、中共軍の兵士自身は、いざ戦えば勇猛果敢であったことを、彼らの名誉のために記しておく。

第一章　屈辱感が生んだ帝王学

生い立ち

毛沢東はいつ頃から、そしてどのようにして帝王学を身につけたのだろうか。その片鱗だけでも見つけるために、まずは彼の生い立ちから考察してみよう。

1893年（清王朝、光緒19年）12月26日、毛沢東は湖南省長沙府《ちょうさふ》湘潭県《しょうたんけん》韶山《しょうざん》で生まれた。字は潤之《じゅんし》。父親は富裕な農民で、いうならば地主。毛沢東は5人兄弟の三男だったが、兄たちは早世したので、事実上、長男として育てられた。

父親は貧乏人から富農に這い上がったことから、ひどく厳格で金遣いに厳しい。毛沢東の祖父に負債があったため、一時期湘南の地方軍であった湘軍に従軍して給料をもらい、多少の教育も受けたために読み書き程度と数字の計算ができるだけだ。だから毛沢東がまだ6歳のころから、牛の放牧、牛糞ひろい、雑草取りなどの、野良仕事をさせている。8歳になると小さな私塾に通わせたが、残り時間はやはり厳しい野良仕事。私塾といっても、毛家の親戚が営む農村の塾なので、学ぶのは文字の読み書きくらいだ。母親は字が読めないので、それだけでも十分にすごいのである。

やがて、一日に2時間程度、「論語」とか「四書」あるいは「三字経」「六言雑詩」などを声を上げて読むことを学んだ。漢詩には興味を持ったが、他の四角四面の教えなどおもしろくもない。毛沢東は当時清王朝で禁書となっていた『水滸伝』や『三国志演義』『西遊記』などに惹きこまれた。

13歳になったある日のこと、取引先のお得意さんなどを招いた宴席の場で、父親が毛沢東に接待の手伝いをするように命じた。毛沢東がいやがると、父親は公衆の面前で「おまえは実に怠惰で、役に立たないやつだ！　この親不孝者がぁ！」と罵倒した。毛沢東がくだらない本ばかり読んでいることに、日ごろから業《ごう》を煮やしていたのだ。

毛沢東はこのとき、儒教の教えをまとめた『礼記《らいき》』の中の成句、「父慈子孝」（父親が慈愛深ければ、子供も孝行をする）を、これもまた客の前で父親に言い返した。それは儒教など学んだことのない父親に対するいやがらせでもあり、精一杯の反抗だったにちがいない。

その言葉は父親をいっそう怒らせ、いつものように毛沢東を思い切り殴ろうとした。毛沢東が殴られまいとして逃げると、父親が追いかけてきたので、毛沢東は家の前にある池まで突っ走り、池の淵に立つなり、「殴るなら、殴れ！　これ以上、一歩でも近づいたら、この池に飛び込んで死んでやる！」と父親を威嚇した。その場をなんとかおさめたのは母親だった。母親は無学ながら、心やさしく、毛沢東を可愛がっていた。

しかし父親は振りあげた拳のもって行き場がない。「それなら、地面に頭を付けて謝れ！」と毛沢東を怒鳴る。母親の立場を考えて、しぶしぶひざまずき額を地面にすりつけたが、背中を丸くしたその空間の中で、毛沢東の反逆心は燃えていたにちがいない。

相手が強く出れば、こちらも威嚇してやる。しかし力がない間は「闇に隠れて力を養い、報復の時を待つ」。これを「韜光養晦《とうこうようかい》」（タオ・グヮン・ヤーン・ホイ）と称する。のちに毛沢東が編み出す帝王学の基本中の基本だ。

このひざまずいた姿勢の「闇」の中で、毛沢東は「韜光養晦」という四つの文字を見ていたのではないだろうか。そこに帝王学への最初の萌芽があったのかもしれない。

この件以来、私塾に通うことも禁止され、もっぱら農作業に専念するよう命ぜられた。

昼間は畑仕事と牛の放牧、牛糞ひろいで、夜は父親の帳簿の整理をする。しかし毛沢東は懲りずに暇を見つけては読書にはげんだ。またもや怠惰だと罵る父親。

それでも毛沢東は読書をやめることはなかった。夜は部屋の窓から灯りが漏れないように、窓に布団を押しつけて夜中まで本を読み漁った。毛沢東は終生夜更かしで、ベッドの周りには本が積み上げられていたが、その習慣はこのときにできたものと思われる。

14歳のとき、『支那瓜分之命運』（分割される支那《しな》の運命）という本に出会う。

この本の中には「ああ、中国はやがて滅びるなり！」という言葉があり、大日本帝国の朝鮮占領、台湾占領をはじめ、大英帝国のミャンマー占領、フランスのベトナム占領などが書かれており、毛沢東に「国家」という意識を呼び起こさせた。そして明治維新に関する本を読み漁った。

毛沢東の知的欲求をとめることは、もうできない。

反対する父親を親戚に説得してもらい、毛沢東は初めて「小学校」というものに上がる。湘郷県立東山高等小学堂というその小学校は隣の県の湘郷県にあったため、毛沢東は生まれた湘譚県を離れるのだが、父親と離別する際に西郷隆盛が謳ったとする漢詩「将東遊題壁」（まさに東遊せんとして壁に題す）をもじった漢詩「改西郷隆盛詩贈父親」を披露して、父親との別れの歌とするのである。もっとも、この漢詩は幕末の尊皇攘夷派の僧、釈月性《しゃくげっしょう》が謳ったものだが、毛沢東は西郷隆盛の詩と勘違いをしたようである。いずれにせよ、毛沢東が明治維新に惚れ込んでいたことだけは確かだ。

新たな国を創る――。

毛沢東を「建国の父」たらしめる決意の発端の一つは、明治維新にあったのかもしれない。湘郷東山小学には日本留学から戻ってきた教員がいて、ここでもまた明治維新と大日本帝国の革新的な精神を教わる。このとき教えられた日露戦争勝利を讃えた歌「黄海の戦い」に、毛沢東は大日本帝国の強大さを感じ、何かしら奮い立つものを覚えたのである。

たしかに、1840年に起きたアヘン戦争に清王朝が敗北して以来、イギリスやフランスなどの欧米列強のアジア進出はすさまじく、中国をはじめとした多くの東アジア諸国を植民地化していった。このとき日本もまた欧米列強に植民地化されていてもおかしくはない。

だというのに、アジアの一小国に過ぎない日本は、なぜ欧米列強による植民地化を逃れることができたのか。それを可能にさせたのは明治維新以来の富国強兵策であり、良いか悪いかは別として、自ら打って出たからではないだろうか。

当時、日本に最も大きな脅威を与えていたのはロシア帝国（1721年～1917年）だ。イギリス帝国の規模にも匹敵していたロシア帝国は不凍港を求めて南下し、遼寧省の大連や旅順などを清王朝から租借して植民地化していた。事実上ロシアは、中国の東北部（満州）一帯を制覇していたと言っていい。あとは朝鮮半島さえ獲得すれば、日本の植民地化は目前であった。日本としてはなんとしても、それを防ぎたかっただろう。

折しもロシアはフランスと露仏同盟という軍事同盟を結び、フランスの投資でシベリヤ鉄道の開発に着手する。そのフランスと地球上のいたるところで植民地奪取を争っていたイギリスは、フランスの強大化を抑えるために日本と日英同盟を結ぶ。日本にとってもこの日英同盟は、日本が植民地化されないための絶好の選択だったにちがいない。

日本は表面上、朝鮮半島の「中立化」を唱えて日清戦争（1894年～95年）を戦い、勝利している。その結果結ばれた下関条約に対してロシア、ドイツおよびフランスが「遼東半島を清に返せ」と、干渉してきたのが三国干渉だ。

要は、ロシアは旅順・大連という不凍港を手放したくなかったのである。清に返せと言って日本から譲歩を引き出しながら、日本が清国に返還すると、結局ロシアは自国の軍事基地として旅順を使い始めた。おまけに1896年、ロシアは清王朝と密約を結び、シベリヤ鉄道を延長させて中国東北三省の北部を横断する東清鉄道の敷設権を獲得。ロシアの中国への野心は日本に「日本が侵略されるかもしれない」という脅威を与えた。

こうして日本はロシアと開戦。日露戦争が始まり、そして奇跡的に日本が勝利した。毛沢東は日清戦争に関しては清王朝への批判からか、特に注目していないが、日露戦争に関しては、「アジア人が白人に勝利した」として高く評価し、強い関心を示している。

またアメリカのジョージ・ワシントンやロシア帝国のピョートル大帝などの偉人伝も愛読していたところを見ると、この段階できっと「天下を取る大志」を夢見ていたのではないだろうか。

中国国内に関しては、清王朝末期に「戊戌《ぼじゅつ》の政変」を起こした康有為《こうゆうい》や梁啓超《りょうけいちょう》ら維新改革といった思想にも深い感銘を受けている。

革命への目覚め

1911年、18歳のときに湖南省の省都・長沙市にある湘郷駐省中学に入学するが、このとき孫文が率いていた革命党の新聞で、黄花崗武装蜂起（中国語では黄花崗起義《チーイー》）という反清政府革命運動が起きたのを知る。これは孫文が清王朝を打倒するために1905年に東京で結成した中国同盟会を中心とするメンバーが、1911年4月に広東省の広州で起こしたものだ。毛沢東はこの武装蜂起を知ると、自分も清王朝を倒すために何かしたいと思い、初めて政治的な行動に出る。学校の壁に「満州清王朝を打倒せよ！民国を樹立せよ！」というスローガンを貼り、清王朝への抗議の証《あか》しに、清王朝が強制していた辮髪を自ら切ってしまうのである。

黄花崗武装蜂起が失敗に終わると、一部の革命運動者たちは長江流域に拠点を移し、湖北省武漢市にある武昌という区域（現在は武昌区）で、1911年10月10日に武昌蜂起を起こした。辛亥革命の幕開けだ。

武昌は三国志時代の208年に、曹操と孫権・劉備連合軍との間で戦われた「赤壁の戦い」で知られる場所だ。その武昌で革命軍が武装蜂起したことは、青年たちの熱い血潮を刺激した。

このとき毛沢東も長沙革命党が率いる革命軍の兵士になって革命運動に参加し、湖南新軍の一兵士となる。このとき学生たちが創った学生軍もあったが、毛沢東が学生軍には入らず湖南新軍に入ったのは、毎月給料7元がもらえることが魅力的だったからだという。多少の軍事訓練も受け、それがのちに役立っている。

1912年2月、清王朝最後の皇帝、愛新覚羅溥儀《あいしんかくらふぎ》の退位により、清王朝は崩壊した。毛沢東が革命軍に参加したのは、清王朝打倒のためだったので、それが成功したいま、入隊した目的は達成されたと考え、長沙の中学校に戻って再び勉学に励もうとする。しかし18歳を超えた青年が、6歳ほど年下の少年たちが学ぶ中学校に戻るには、プライドが邪魔をした。また、そもそも自分のような大きな器を受け容れるだけの度量が中学にはないと毛沢東は感じた。規則でしばるばかりで、すでに学習済みの内容の授業にはめ込まれることなど、まっぴらだ。結果、ほとんど授業に出なかったため除籍となる。

普通高校を受けてみたが、数学と英語力がゼロで不合格。やむなく長沙にある図書館で読書に没頭し、ここでルソーの『社会契約論』やアダム・スミスの『国富論』、モンテスキューの『法の精神』あるいはハックスリーの『進化論と倫理学』などを読み、啓発を受ける。

なによりも大きな衝撃だったのは、生まれて初めて世界大地図を見たことだった。その地図は図書館の壁に掛けられていた。無限に大きいはずの中国は世界の一部に過ぎないではないか——。

それは新鮮なショックであるとともに、世界制覇はできないにせよ、せめて世界大地図の中の「中国」の部分を制覇したいという「大志」を抱かせたのではないだろうか。図書館に通うたびに、毎日仰ぎ見た。仰ぎ見て立ち止まり、「よし！」と決意するかのように読書に挑戦する。

そんな日々を送っていた毛沢東に厳しい知らせが父親から届いた。「学校にも行かず怠惰な日々を送っているのだから、今後はいっさい学費を出さない」というのである。

そこで毛沢東は学費を支払わなくてもいいという条件の湖南第四師範学校に入学する。第四師範は、ほどなく合併により湖南省立第一師範となるが、学費無料の条件は変わらなかった。そこで、親戚や東山小学堂の恩師による生活費の援助などを受け、ようやく落ち着いて、一応、授業にもまともに出ることとなった。

ただし、第四師範にしろ、第一師範にしろ、いずれも「中等専門学校」である。第一師範は5年制で、日本で言えば、高校2年までの学習段階だということになる。

このことが、毛沢東の生涯を決定し、毛沢東が建国の父となった源流の一つでもあり、また建国後、知識人を迫害して、改革開放前の「中国」を形成した根幹ともなるので、注意深く考察しなければならない。

第一師範では社会科学にしか興味がなく、特に倫理学に強い関心を持った。というのは、毛沢東の運命を決する楊昌済《ようしょうさい》（1871年〜1920年）という倫理学の教員が第一師範にはいたからである。

楊昌済は1902年から1908年まで6年間、日本留学しており、東京高等師範学校で教育学を専攻している。東京高等師範学校は、のちの東京教育大学、さらにのちの筑波大学の前身である（筑波大学で教えていた筆者としては、興味もひとしおだ）。

楊昌済は日本留学後イギリスへ留学し、エディンバラ大学で哲学や倫理学あるいは心理学などを学んで文学士の学位を取得した。その後ドイツ、スイスで教育制度を考察したあと、1913年に故郷の湖南省長沙市に帰国している。帰国後は湖南高等師範学校で教鞭を執ったが、1914年に湖南公立第一師範学校が湖南第四師範学校と合併して湖南第一師範学校が創建されると、第一師範の教員をも兼任することとなった。その学生の中に毛沢東がいたわけである。

楊昌済は毛沢東をいたく気に入り、また毛沢東も楊昌済の講義を聞くのがたまらなく好きだった。楊昌済は教科書としてドイツ人哲学者、フリードリッヒ・パウルゼン（1846年〜1908年）が著した『倫理学原理』を使ったが、この本は、のちに北京大学学長（1916年〜1927年）となる蔡元培《さいげんばい》が日本語から中国語に訳したものだ（蔡元培もまた、日本に留学したことがある）。ドイツ語から英訳されたものを、1900年に日本人の蟹江義丸が日本語に訳して出版し、それを蔡元培が中国語に訳したという、世界を一巡したような本だ。この本を毛沢東はくり返しくり返し熟読した。本の空欄は毛沢東が書いたコメントで埋め尽くされており、のちに「現実主義」という論理を引き出している。

毛沢東の言う現実主義とは、おおむね「人間の一生は短いものだ。だから現実から離れて幻のような虚ろな理想や価値を追い求めることなどやってはいられない。限られた時間内に〝自己実現〟を果たさなければならない」ということである。

これがのちに「毛沢東思想」として提唱されていく「実践論」あるいは「矛盾論」の基礎を形成する。したがって『倫理学原理』は毛沢東の中でマルクス主義への橋渡しの役割を果たすと同時に、「マルクス主義の中国化」という毛沢東思想の柱を創りあげていくのである。

1917年10月、ロシア革命が起きて、帝政ロシアは崩壊し、ソ連（ソビエット連邦）が誕生した。

そのとき中国はまだ、軍閥による内乱状態にあった。せっかく1912年に中華民国が誕生したというのに、孫文が臨時政府の大総統に就いたものの、野心満々の袁世凱《えんせいがい》が孫文を押しのけて大総統に就き、1916年には中華帝国皇帝即位を宣言するなど、政権は非常に不安定だった。1916年に袁世凱が死去すると、各地の軍閥が割拠した。

毛沢東がいた第一師範にも、この軍閥の内乱による波が押し寄せてきた。

1917年11月、敗退した北洋軍閥が長沙市に逃げ込んできたため、市民は恐怖に駆られ、第一師範も学生たちを避難させようとした。ところがこのとき毛沢東は軍事訓練をしている学生たちを組織して志願軍を結成し、敗走兵を撃退してはどうかと学校側に提案したのだ。

実は第一師範があるこの長沙の一帯は、鉄道の要衝にあたり、群雄割拠する軍閥の敗走兵に荒らされるという目に何度も遭っている。そのためちょうど1916年から軍事管理などの科目を増やし、軍事訓練を行なっていたところだった。

毛沢東は1911年、辛亥革命前夜に一時期、湖南新軍に従軍していた経験がある。

その時に受けた軍事訓練と、それまでに読んできた多くの書物の中にある戦法を応用して学生たちを組織したのだ。２００人ほどの学生志願軍をいくつかに分けて、３０００人ほどの敗走兵が集まっている近くの山にひそませ、木刀を持たせて爆竹を激しく鳴らす。一方では地元の警察にも協力をお願いして、実際の鉄砲を発砲させた。敗走兵は、よほどの大軍に包囲されたと勘違いして怖気づいた。そこで正面攻撃をすることなく使者を遣わして交渉に当たらせたのだ。この戦法が功を奏して、３０００人の敗走兵は降参し、持っていた武器をすべて学生志願軍および警察側に渡したという。

この成功は、次章で詳述する毛沢東の「ゲリラ戦」戦略のきっかけを作っている。毛沢東のこの快挙は、その大胆さにおいて高く評価され、長沙ではちょっとした英雄になった。

同年、実は宮崎滔天《とうてん》（１８７１年〜１９２２年）が湖南省に演説に来ている。

宮崎滔天は孫文らが日本に滞在していた間、孫文の生活や思想を支援し、辛亥革命達成を応援してきた人物である。宮崎は「欧米列強に植民地化されているアジアを救うには、アジア文明の中心である中国の独立と民衆の自由が不可欠だ」とする「アジア主義」を唱えていた。１８９１年に上海に渡ったのを皮切りに、日本と中国の間を往来している。戊戌の政変に敗れて香港に逃れた康有為を日本に連れてきたのも彼だ。

毛沢東は宮崎滔天の演説に深く感激し、またもや日本への尊敬の念を強めるのである。

クラスメートには、のちに中国共産党結成にも貢献した蔡和森《さいわしん》がおり、毛沢東は彼とともに1918年4月に「新民学会」を創設した。

知識人憎悪の原点は「北京大学」

1918年夏、毛沢東は第一師範を卒業するのだが、このとき楊昌済はすでに湖南大学創設の準備委員になり、北京大学の教授に異動していた。

このころ、フランスに留学し、アルバイトをしながら勉学に励む「勤工倹学《きんこうけんがく》」というのが流行《はや》っていた。フランスが呼び掛け、北京大学の学長・蔡元培らが組織した制度である。周恩来も鄧小平もみな、この制度に乗ってフランスに留学している。

1918年8月、毛沢東も二十数名の青年有志を伴って北京に向かっていた。「勤工倹学」グループを組織してフランスに行くためだ。毛沢東にフランス行きを呼び掛けたのは、北京大学にいた楊昌済である。

北京大学のキャンパス内は活気に満ち、中国最高の知識人たちが国の行く末に関して熱い議論を展開していた。毛沢東が書物や新聞でしか見たことのない人たちが目の前に実在し、めくるめくような熱気が毛沢東を圧倒した。

楊昌済は毛沢東に北京大学を受験してはどうかと勧めたが、ここでネックとなったのが「中等専門学校」でしかなかった湖南第一師範学校卒の学歴である。

１９１２年に中華民国が誕生すると、教育部（日本の文部省に相当する中央行政省庁の一つ）は「大学令」を発布している。その中で、どういう学歴なら大学受験資格があるかに関する規定が制定されているのだが、それによれば、「中等教育専科課程（中専レベル）は大学受験資格を持っていない」という規則が設けられている。

だから、毛沢東は北京大学受験資格がないのだ。唯一の道としては、普通高校卒業に相当すると認められるだけの実習あるいは研修をすれば、それが学歴として認められるという余地が残されていた。そこで楊昌済は毛沢東を北京大学の李《り》大釗《たいしょう》・図書館長に紹介し、そのアルバイト的な助手にした。業務内容としては、図書館長室の清掃、新着の新聞雑誌の整理、入館者の氏名登録などの事務職だ。中国語では「助理補」となっている。

周りには北京大学の蔡元培学長という、知識人に最も崇拝されている人物や、進歩的文化人が神様のように崇める陳独秀《ちんどくしゅう》などが、「実在人物」として輝いている。李大釗はマルクス主義、社会主義といった言葉を頻繁に使い、1917年10月にレーニンが起こしたロシア革命を絶賛している。

この毛沢東ともあろう者が、本来なら自分がその最先端にいなければならないはずなのに、幼少期に野良仕事をさせられたように、掃除係をさせられている！

北京大学に引き連れていった「専科ではない普通高校」を卒業した若者たちが北京大学の予科課程試験に合格したり、「勤工倹学」制度に乗ってめでたくフランス行きを果たし、そのために自分は東奔西走して資金を集めたりしている中、この毛沢東は何をしているのか――。

激しい劣等感と挫折感は、毛沢東に、ほとばしるような復讐心を燃えたぎらせたにちがいない。筆者は、そう見る。

1919年4月6日、毛沢東は長沙に戻って小学校の教員になり、そこで歴史を教えるのだが、中共側が記した毛沢東論は、このときの毛沢東の行動を、「長沙の小学校の教員になって、長沙の新民学会会員との連絡を強化し、社会活動に参画できるのは悪くないと考えたからだ」と解説している。

しかし、毛沢東が北京大学を去った時期に注目していただきたい。1919年5月4日に北京大学を中心として起きた「五四運動」のわずか1カ月前だ。中国の潮流を変え、中国共産党を誕生させるきっかけとなったこの大きなうねりを逃し、おめおめと長沙に戻ったのはなぜか？

社会活動に参画するのなら北京大学に残って、五四運動に参加すれば良かったではないか。あのとき、これ以上に時代を変えた大きな潮流はない。それを捨てて小学校の教員になったのは、なぜか？

もちろん小学校の教員が良くないわけではない。そこは誤解のないようにしていただきたい。世界大地図の前に立ちつくし、この中国を制覇してやると心に誓っていた者が、なぜこの世界史的な大転換である五四運動の時期に長沙に引っこみ、小学校の教員になったのかということを言っているのである。

これは中国の最高学府への抵抗であって、ここにこそ毛沢東の決意の深さ、激しい劣等感がもたらすジャンプ力を、よりいっそう高めるもくろみがあったのではないかと思うのである。だからこそ、あえて小学校を選んでやった。

1949年10月、新中国（中華人民共和国）を誕生させた毛沢東が始めたのは知識人の迫害だった。資本家階級が生んだインテリだとして、永久なる階級闘争を主張し、多くの知識人を逮捕投獄して、完膚なきまでに叩きのめした。

文化大革命を発動したときに、大学を閉鎖し大学院を撤廃させて、革命に燃える工農兵が通う「専科」だけを残した。学歴を重んじる学校教育制度を完全に破壊し、普通高校以上の学歴を持つ者をすべて「知識人」とみなして辺境の地に下放し肉体労働に従事させている。

知的レベルが高ければ高いほど迫害を受ける程度は激しく、民衆に暴力をふるわせ屈辱を与え、息絶えたときに、ようやく毛沢東は爽快感を味わった。

そういうことではなかったのか。

北京大学の図書館に入館するとき、入館表に自分の名前や所属を書かなければならない。教授連が名前を登録するとき、そこにあったのは「入館表」だけであり、誰がそれを差し出しているかなどは、教授たちの目にさえ入らなかった。つまり、教授たちの目にとって、そこに毛沢東は存在していないに等しかったのである。

この仕事をしている間、毛沢東は北京大学の近くにある楊昌済の家に住まわせてもらっていた。毛沢東はのちにその娘と結婚するのだが、楊昌済の家には頻繁に北京大学の教授連が来ていた。楊昌済に会うためである。

その楊昌済の家のドアを開けるのは毛沢東。

来訪者は、このドアボーイが誰であるかなど記憶していない。

毛沢東が延安に革命根拠地を創ったとき、延安を訪れた者の中に、この楊家のドアをくぐった者がいた。めったに北京大学図書館長室に勤務していたことを語りたがらなかった毛沢東だが、その延安訪問者に自分が誰か分かるかと、尋ねた。分からないと言う。

そうだろう――。

俺はあのときのドアボーイで、お前たちの眼中にはなかった人間だ！

毛沢東の復讐心が、どれほど強く、どれほど長いこと辛抱強く心の奥に貯め込まれていたか。それは新中国誕生後に分かるのである。火山から吹き上げるマグマのようなエネルギーは、知識人迫害と教育制度破壊という形で爆発するのだ。

ところで、五四運動は日本が中華民国に出した21ヵ条要求への抗議がきっかけの一つになって起きている。

日英同盟を結んでいた日本は、イギリスの要望に応じて１９１４年にヨーロッパで起きた第一次世界大戦（１９１４年〜１９１８年末）に参戦し、１９１５年に対華21カ条の要求を中華民国に突きつけた。袁世凱を皇帝として認める代わりに21カ条の要求を呑めと、袁世凱に迫っている。その要求があまりに過剰なので、さすがの袁世凱も16カ条にまで引き下げるよう日本に要求し、第一次世界大戦の講和条約であるヴェルサイユ条約では16カ条に縮小されていた。

しかし第一次世界大戦において中華民国は日本とともに戦勝国だったのに、その講和条約で日本の対華要求が認められるのはおかしいとして、激しい反日運動が起きた。

このときに北京にいなかったということは、毛沢東に非常に複雑な心理をもたらしている。毛沢東にとって「憎い」のは21カ条要求を中華民国に突き付けた「日本」ではなく、この重大な歴史の節目に、自分を北京大学にいられないようなところに追い込んだ、中国人である知識層だ。毛沢東にとって、敵は彼らだった。

この恨みを晴らすために、毛沢東がこのあとの日中戦争で日本軍と手を結ぶことなどは、むしろ自然のなりゆきと言っていいかもしれない。毛沢東をして日本軍と共謀せしめた原因の一つは、北京大学であるといっても過言ではないだろう。

北京大学の某研究所の特約研究員だった筆者は、北京大学の図書館に入館するとき、ある高齢の（すでに退官していた）老教授から毛沢東の話を聞いたことがある。その老教授は声をひそめて、「もしあのときに、北京大学側にもっと人を見抜く目と度量があったら、中国の歴史は違っていたよ」とささやいたのが印象的だった。

第二章 「満州事変」で救われる

湖南での活動から中国共産党建党まで

湖南省長沙市に戻った毛沢東は、小学校の歴史担当教員になりながら、新民学会を中心として、1919年7月14日、進歩的雑誌『湘江《しょうこう》評論』を創刊した。予期していたほどには原稿が集まらないものだから、やむなく自分自身で多くの原稿を書いている。

一方、魯迅の弟で作家でもある周作人が『新青年』に紹介している「日本の新しき村」に深い興味を抱き、毛沢東は湖南で「新村建設計画」に着手するのである。

この「新しき村」は日本人の作家、武者小路《むしゃのこうじ》実篤《さねあつ》（白樺派）が1918年に唱えたもので、「自分たちで村を作り、家を建て、畑を耕して自給自足の生活をし、人間らしく生き、自己を活かそう」という社会運動の一つだ。かつて日本に留学し日本人女性と結婚もしていた周作人はこれに共鳴し、陳独秀が主宰する『新青年』に載せ、「新しき村、北京支部」を作ろうと呼びかけていた。

それを見た毛沢東は感動し、湖南省の山麓に同様の「新村」を作って、それを少しずつ広げていけば社会改革を遂げることができるかもしれないと夢見て、1919年12月1日、『湖南教育月刊』にその企画案を載せた。

ところがそれはすぐさま、当時湖南を制圧していた北洋軍閥の監軍《かんぐん》、張敬尭《ちょうけいぎょう》に阻止されてしまう（監軍とは軍隊を監督する役職で、日本語的には「いくさめつけ」のこと）。

このころの中国はまだ、各地に軍閥が割拠していた。

1912年に中華民国が誕生したあと一時的に帝政を布《し》いた袁世凱は、もともと清王朝時代からの北洋軍閥を束ねており、その軍事力は群を抜いていた。1916年に袁世凱が死去すると、中華民国・北京政府の基礎を成していた北洋軍閥は、いくつもの系列に分裂して覇を競った。その中には、たとえば、

●直隷閥――馮国璋《ひょうこくしょう》、呉佩孚《ごはいふ》など（米英が支援）：長江中下流域
●安徽閥（皖《かん》系）――段祺瑞《だんきずい》など（日本が支援）：安徽省、浙江省、山東省、陝西省な

ど
●奉天閥—張作霖、張学良など（日本が支援）：熱河省（現在の河北省・遼寧省・内モンゴル自治区などにまたがる地域）、黒竜江省、吉林省など
●山西閥—閻錫山《えんしゃくざん》など（日本が支援）：山西省

などがある。筆者は袁世凱が北洋新軍を創った天津で育ち、馮国璋の旧宅に住み、向かい側には袁世凱が妾のために建てた豪奢な館があったので、北洋軍閥に関しては、まるで目の前で起きていたような身近さを感じてしまい、どうしても詳細に見たくなる。

ここでは、軍閥名の（　）内に書いてある支援国家名に注目していただきたい。日本がやたら多いことにお気づきだろう。実は日本は当時中国を植民地化していた列強諸国の中で、日露戦争後、その侵略性を強めていった国として特殊な位置づけにある。

日露戦争では、たしかにアジア人が白人をやっつけたことから、ある意味の快挙であり、何よりも日本が白人社会によって植民地化されなかったという点においては評価できるかもしれない。しかしそれを良いことに、日本が第一次世界大戦後、中国における「取り分」を拡張させていったことに、国際社会は激しい警戒感を露わにした。第一次

世界大戦の講和条約であるヴェルサイユ条約には、「これ以上、帝国主義の拡張をやめましょう」という基本精神があるのに、「日本だけはむしろ覇権の拡張を図っている」というのが、国際社会の日本に対する厳しい見方だった。

1921年11月12日から22年2月6日にかけて、アメリカのワシントンで国際軍縮会議が開催された。参加国は「アメリカ・イギリス・フランス・イタリア・中華民国・日本・オランダ・ベルギー・ポルトガル」の9カ国で、ワシントンで開催されたことから「ワシントン会議」と呼ばれている。

ワシントン会議のテーマは主として「日本軍の拡大阻止」だった。同時に日英同盟を結んでいるイギリスの覇権を警戒するアメリカの意図がある。結果、会議は「日英同盟の破棄」をはじめ、日本に多くの譲歩を強制している。それを「九カ国条約」ともいう。

それでも日本が中国における利権拡大をやめなかったのはなぜだろうか。

その理由の一つに、日露戦争で勝利はしたものの、あまりに膨大な戦費により、日本は巨額の負債を抱えてしまったということが挙げられる。そのため日露戦争後、日本は不景気に見舞われている。だから中国における利権を拡大させて、負債からくる不景気を埋め合わそうとしたにちがいない。その結果、中国全土に群雄割拠する軍閥のほとんどの背後には日本がいたのである。

毛沢東が湖南省で戦おうとした張敬堯は、地元の青幇《チンバン》とか紅幇《ホンバン》といった（マフィアのような）秘密結社とも結びつき暴政をほしいままにしていた。毛沢東が創刊した『湘江評論』も、1カ月のちには発禁にしている。

激怒した毛沢東は、直隷閥と安徽閥が仲たがいしていることを利用し、「打倒張敬堯運動」を起こす。地元の労働者、民衆を組織化しただけでなく「打倒張敬堯」というパンフレットを大量に作成し、上海や広東あるいは北京など、進歩分子の集まる地域に配り、抗議表明を各地で行なった。湖南省の改革をテコに、こういった運動を全国に広げていこうと考えたのだ。この運動はさまざまな新聞にも載ったため、全国各地の進歩的知識人のもとに届いた。

北京にいた恩師、楊昌済の目にも止まり、楊昌済は病床の身にありながらも、「救国を語るならば、かならず毛沢東と蔡和森を我が国の逸材として重用しなければならない」と、然るべき要所、要人に人生最後のメッセージを伝えている。毛沢東自身も短期間ではあるが、北京に再び顔を出したり上海にも行ったりして、地方軍閥打倒運動を宣伝した。その間に、中国共産党を立ち上げる中心人物である陳独秀や李大釗などにも会っている。

張敬堯は、1920年6月に湖南監軍を罷免された。こうした一連のことが功を奏したのか、1921年7月23日、上海で開催された中国共産党第一回全国代表大会（第一回党大会）において、毛沢東は「長沙代表」として参加することとなった。

つまり毛沢東は中国共産党創立党員の1人となったのである。このときの代表者の数は12人。党員は全国でまだ50人前後しかいなかった（一説には30人とも）。そこには北京代表、上海代表、武漢代表などもいたので、もし毛沢東が北京大学図書館にあのまま残っていたとしたら、並み居る知識人の中で北京代表の中には入らなかった可能性が大きい。長沙にいてこその創立大会における代表メンバーであったと言えるかもしれない。

人生は分からないものである。鶏口牛後（鶏口となるも、牛後となるなかれ）。長沙に下った目的の一つに、もし、ここまでのことを計算していたとすれば、大したものだ。

もっとも毛沢東は、この第一回党大会において、ほとんど発言をしていない。中共中央文献研究室編（主編：金冲及）の『毛沢東傳』（中央文献出版社、1996年）さえ、「他の代表が外国語を話すことができ、マルクス主義の本を熟読しており、そういった文献に根拠を置きながら高邁な論理を展開しているので」、毛沢東は寡黙になったのではないかというニュアンスのことを書いている。毛沢東があまりに縮こまっているようなので、参加者は彼がひどく神経質で臆病な人間なのかと思ったほどだったという。

筆者は毛沢東が北京図書館で受けた侮辱を胸の奥にしまいこんでジャンプ力としていったのではないかと見ているが、中共中央文献のこの記述は、その視点を裏付けてくれていると思う。

ところで、この12人の代表の中には、日本留学者代表として周仏海という人間がいた。本書の後半でご紹介する汪兆銘傀儡政権のナンバー2になる人物だ。のちに共産党を捨てて国民党員に転向しただけでなく、日本軍の参謀本部から派遣された対支特務工作専従の影佐禎昭中将の下で働くことになる。それについては後述する。

「ヤドカリ戦略」で国民党幹部に

このころは、共産党も国民党も、渾然一体となっていた。

国民党とは、孫文が創立した中華革命党を1919年10月10日に改組したものである。中華革命党は1906年に三民主義（民族、民権、民生）を党綱領として結党し、辛亥革命を成功させている。共産党が誕生したころ、中国の国号は「中華民国」で、中華民国の政権与党は国民党であった。

この孫文に対して、ソ連のコミンテルンは執拗に国共合作を提案してきた。

コミンテルンというのは、1919年に創立された共産主義政党による国際組織で、モスクワに本部を置く「共産国際（共産主義インターナショナル）」のこと。英語ではCommunist Internationalと書くので、「Com+Intern」すなわち「コミンテルン」となる。誕生したばかりのソ連は新しい国家としての承認を各国に求めようとしたが、なかなか承認してもらえず、いっそのこと世界各国を共産主義の国家にしてしまえ、ということから創った組織だ。ヨーロッパでの受け入れがなかなか広がらないものだから、ソ連はターゲットを集中的に中国に絞った。

そもそも中国共産党の創立さえ、コミンテルンのお膳立てによるものである。陳独秀や李大釗などをコミンテルンのメンバーにして、モスクワの指導の下で中国共産党を創立させた。したがってこのときの中国共産党とは、いうならば、ソ連の傀儡といっても過言ではない。それでも誕生までこぎつけることはできた。

しかしなんといっても、党員の数が少なすぎる。実は1922年7月16日から23日まで中共第二回党大会が上海で開催されたのだが、そのときの全党員数は195人(ちなみに毛沢東は欠席)。それに比べて国民党員数は、この時点で13万5000人に達していた。

このままでは中国に共産主義政権を打ち建てることなど、何十年先になるかわからない。まずは絶大な力を持っている孫文が創立した国民党に「寄生」して、そこから発展していくしかないのではないかと、コミンテルンでは大変な論議が行なわれていた。その結果、国民党に「ヤドカリ」しながら国民党を内部から切り崩し、「宿主」の中で共産党が大きく成長していくことにしようという「陰謀」が決議されたのだった。そのためコミンテルンでは、まずは孫文を説得するための手順から始まり、「ヤドカリ」を始めたあとの共産党員の動き方まで、緻密に検討してから孫文の説得に取り掛かった。

孫文は最初のうちは激しく拒否したが、コミンテルン代表のヨッフェが「ソ連は中国に対するいっさいの特権を放棄する」あるいは「中国で共産主義を実行することはない」と誓い、「中華民国の統一と完全な独立を応援する」などと美辞麗句を並べるものだから、ついには説得されて、国共合作に同意するのである(孫文ヨッフェ宣言)。

国共合作とは、国民党と共産党の協力関係のことを指す。このときが初めての合作なので、歴史的には「第一次国共合作」という。共通の戦う相手は主として群雄割拠して国を乱している軍閥と、そのバックにある帝国主義列強（のはず）だった。

１９２３年６月12日に広州で開催された中共第三回党大会では、国共合作が提唱された。

あの孫文がコミンテルンの指示に従ったということに、どうしても賛同できない者が国民党内におり、また国共合作に関しては共産党内にも反対者が少なからずいた。だから中共側の会議で大論争になったのだが、最終的には「共産党員個人の名義で国民党に入党する」という形をとることで妥協した。この形式はコミンテルンが最初から計画していたものである。

そのようなこととは知らず、ともかく中国の統一という革命への情熱に燃えていた孫文は、１９２４年１月24日、第一回の国民党全国代表大会を広州で開催した（このときに新たに入党した国民党員の数は９０１８人。国民党の党員数は、大会開催時点で14万５７００人）。

この大会では孫文の三民主義を基本としながらも、国共合作のため「聯蘇（ソ連と連携）、容共（共産党を受け容れる）、扶助工農（工人、農民を助ける）」が党綱領として決議された。

この大会には個人の資格で多くの共産党員が参加していた。毛沢東も参加し、その議席番号は「39席」だった。大会で、国共合作に反対する国民党右派が「共産党員を国民党に入党させるべきではない」と反対意見を述べると、毛沢東は「主席！ 主席！ 39席、発言を求めます！」と挙手して「本席（自分）は、そのような審議自体を停止し、ただちに表決を行なうべきと考えます」と動議を提出。議長である主席と出席者の賛同を得て、この国民党右派の反対意見は審議の議題から外された。

つぎに比例選挙制度を議案として取り上げるか否かに関する討議に入ると、「39席」は又もや挙手して発言を求め、「比例選挙制度は少数派の意見を拾うにはいいかもしれないが、この党は革命を前に進めるために誕生した党であるはず。その主流に反対する少数党に活動の機会を与えるべきではなく、いまは革命に全力を注ぐべきだ。したがって比例選挙制度に関しては、討議すべきでないし表決もすべきではない」と主張した。

この意見も大会の大多数の賛同を得て採用された。

驚いたのは孫文と、国民党の幹部たちだ。

なんと堂々として、論理の通った発言をするのだろう——。

孫文と国民党幹部は、毛沢東の存在に注目した。そして国民党中枢の中央執行委員の選挙に当たり、候補者リストに毛沢東の名前を入れたのである。毛沢東は国民党の執行部に高く評価され、いきなり国民党中央候補執行委員に当選した。

これはまた、どうしたことだろう。中国共産党の第一回党大会では、ほぼひと声も出さなかった毛沢東が、国民党の党大会では俄然、本領を発揮したではないか。

北京大学でのコンプレックスが、いかに大きなものだったかを物語っているように筆者には見える。もっとも、国民党の大会に参加した共産党員は次から次へと発言して「議論を奪う」という戦法を取った側面もあるが、しかしそれにしても、国民党の大会において毛沢東がその発言戦術に加わったのは、やはり注目すべきだろう。

汪兆銘と親交を結ぶ

このとき国民党にはいくつかの「部」があり、その部長の一人に汪兆銘《おうちょうめい》がいた。孫文も汪兆銘も毛沢東のことが気に入り、国民党大会終了後、彼を国民党組織部秘書に就かせる。中共中央でも国民党にならい、組織部、宣伝部などの部を設置し、毛沢東は中共中央の組織部長となる。

順調に動き出したかに見える国共合作だったが、国民党右派は相変わらず共産党員を嫌い、特に国民党上海執行部における毛沢東の活躍を阻止しようとさまざまな嫌がらせをした。過労で倒れた毛沢東は、1924年末に一時的に湖南省で休養するのだが、そのような中、1925年3月に孫文が逝去した。

すると国民党の左派と右派との間の亀裂が表面化し、1925年8月に国民党左派の長老、廖仲愷《りょうちゅうがい》が暗殺される。のちに毛沢東の下でスパイ活動をするようになる、あの日本語ペラペラの廖承志の父親だ。孫文の親友でもあった。

国民党左派の重鎮であった孫文と廖仲愷がいなくなると、共産党を絶対に受け容れない国民党右派が台頭し始めた。そのトップが蔣介石だったのである。

しかし国民党左派には、まだ国民党の元老、汪兆銘がいる。汪兆銘は孫文亡き後、広州の国民政府の主席の座に就いていた。

実はこの主席の座も、コミンテルンが背後であやつっていた。国民党内に「左派」と「右派」というレッテルを生み出し、「左派」と「右派」をアピールしてイデオロギー的に異なるという固定概念を植え付けよという指令は、最初の段階からコミンテルンが出していた。そうすれば国民党を内部から分裂させることができるという作戦である。その結果、この時点までに国民党の主要なポストは国民党左派か共産党員によって占められており、共産党による「国民党乗っ取り作戦」は着実に進んでいた。

1925年9月、湖南から戻り、広州にかけつけた毛沢東は、汪兆銘から国民党中央宣伝部長代理を任命される（同年10月15日）。汪兆銘は主席としての執務が多すぎるため、自分が兼任していた宣伝部長の職をこなすことができなかった。だから毛沢東にその職を譲るのだが、なんとも奇妙なねじれ現象ではないだろうか。毛沢東は国民党左派である汪兆銘とタイアップしながら、国民党政府の宣伝活動に力を注ぐのである。

のちに日本の傀儡政権の主席となる汪兆銘は、まるで弟のように毛沢東を可愛がり、二人はこのとき大の仲良しになるのだ。汪兆銘は1883年生まれ、毛沢東は1893年生まれなので、ちょうど10歳年上。この時期の二人の親交が、のちに汪兆銘傀儡政権と毛沢東との共謀につながることを、ここで頭に入れておきたい。

蔣介石の直感

一方、1887年生まれの蔣介石は、1906年、河北省保定にあった陸軍軍官学校で軍事教育を受け、１９０７年に渡日して東京振武学校で訓練を受けたあと、１９０９年に大日本帝国陸軍に勤務している。１９１１年まで陸軍十三師団の高田連隊の野戦砲兵隊（新潟県）の将校を務めた経験がある。この間、孫文が来日していた。それを知った蔣介石は東京にいる孫文に会うために新潟から東京に向かった。蔣介石もまた孫文が提唱する中国同盟会に共鳴し、孫文に軍事面で貢献したいと表明した。

１９１１年10月に辛亥革命が勃発すると、蔣介石は帰国して革命に参加している。

その後、孫文との間には複雑な関係があり、軍事力に弱い孫文は蔣介石を重要視しながらも、蔣介石にライバル心を抱く、もう一人の大物軍人（陳炯明《ちんけいめい》）を信用したため、孫文と蔣介石の間には溝ができていた。しかし蔣介石の警告通り、陳炯明が孫文を軍事攻撃するに至り、孫文はようやく蔣介石の重要性に気づくのである。

そして１９２３年、孫文は蔣介石をモスクワに行かせ、ソ連赤軍の軍制視察をさせるのだが、これが逆に、蔣介石が共産党を極端に警戒するきっかけとなる。コミンテルンは蔣介石を大歓迎しながら、なんとかコミンテルンに加入するよう執拗に蔣介石を勧誘したのだ。またソ連は「中国におけるいっさいの特権を放棄する」と言ってはいるものの、いたるところでソ連の領土的野心が丸出しであることを、蔣介石は視察中に感じた。

このとき蔣介石は「ソ連はほんとうに国民党を助けて、国民党が自主独立、三民主義の国家を樹立することに協力しようとしているのだろうか」という疑念を持つに至る。

コミンテルンは、きれいごとばかり言って、実は国民党を利用して中国共産党を強大化させようともくろんでいるのではないかと見抜くのである。このときに蔣介石は「寄生虫」あるいは「ヤドカリ」といったイメージを、中国共産党と、それを後ろであやつるコミンテルンに対して抱くのだ。

この直感の鋭さは、孫文の上を行っていた。

蔣介石は帰国後、すぐに孫文に「注意した方がいい」と進言するのだが、孫文の耳にはすでに入らなかった。

事態はもう後戻りできないところまで進んでおり、1924年1月20日、国民党の第一回全国代表大会が広州で開催された。そして気が付けばなんと、あの危険なコミンテルンの代表が、孫文の要請により国民党の最高顧問になっているではないか——。

また国民党の中央候補執行委員に共産党員の毛沢東が選ばれたりして、蔣介石はますます共産党への不信感を抱くようになる。蔣介石もこの大会に出席していたが、蔣介石は中央執行委員にもその候補にも選ばれなかった。ただし、この大会で国民党革命軍とその将校による教育機関である軍官学校の設立が決議され、蔣介石が軍官学校設立準備委員会委員長および陸軍軍官学校校長兼広東軍総司令部参謀長に任命された。

かくして紆余曲折しながらも、1924年5月3日、蔣介石は広州に設立された黄埔軍官学校の校長になっている。しかし黄埔軍官学校の学生募集の段階でコミンテルンは動き、周恩来や葉剣英など、のちに共産主義政権樹立のための骨幹となる幹部候補生を黄埔軍官学校に送り込んだのである。蔣介石が心血を注いだ軍事教育機関も、こうして共産党員によって占拠されそうな形になり、蔣介石の警戒心は高まっていくばかりだった。

孫文ヨッフェ宣言など、もはやなかったに等しい。孫文の達観よりも蔣介石の警戒感の方が当たっていたということになる。こうして国共合作はやがて、「政府：汪兆銘、軍：蔣介石、労農階級組織：中共」の三つに分裂する傾向を呈し始めた。

1925年5月30日、のちに「五・三〇事件」と称せられるような労働者争議が起きた。これは上海にある日系資本の製綿会社で起きた暴動において共産党員の工場労働者が死亡したのをきっかけに、それまでの列強による租界地行政に対する不満が爆発したもので、全国各地に広がっていった。これに対して北洋軍閥とその背後にある日本軍が弾圧を加えたので、やがて全国500カ所に飛び火し、25万人規模の労働者によるゼネスト運動に発展した。

五・三〇事件のあとの1925年9月、湖南にいた毛沢東は汪兆銘主席のもとに駆け付け宣伝部部長代理という国民党の幹部職に就いているが、そのため1926年1月に広州で開催された国民党第二回全国代表大会で、毛沢東は引き続き国民党中央候補執行委員に選ばれる。蔣介石は候補ではなく、その上の中央執行委員に選ばれ、かつ国民革命軍の総監を務めることになった。

軍を掌握した者が勝つ。それは中国の歴史の鉄則だ。コミンテルンは蔣介石が軍を掌握したことを警戒した。コミンテルンの目的は共産主義政権を世界に広げ、中国に根付かせていくことである。蔣介石はモスクワの野心達成のための障害になる。

1926年3月18日、国民党海軍所轄の軍艦・中山艦が、広州の黄埔軍官学校の沖合に現れた。蔣介石はこれを「自分を拉致してソ連に連れて行くための陰謀」と察知し、3月20日、艦長（共産党員）をはじめ、共産党員やソ連の軍事顧問関係者をつぎつぎと逮捕。広州市に戒厳令を布いた。

中共側資料では、拉致は蔣介石の「でっちあげ」となっているが、さて、どうだろうか。のちに述べる1936年の西安事件では、蔣介石は見事に拉致され、中共攻撃ができないようにされており、その背後にはコミンテルンがいたことは明白な事実だ。その10年前の1926年に同じ手口の試みがなされていたとしても、不思議ではないだろう。

蔣介石は、彼がどのようにして中共の陰謀を見抜いたのかに関する詳細を彼の日記で詳述しているが、それは論理的整合性がある。

蔣介石は国民党の会議で「党務整理案」を提議し、可決された。それにより共産党員は国民党執行機関で部長クラス以上の職位に就いてはならないということになった。

このころ汪兆銘ら国民党左派は毛沢東ら共産党員とともに反蔣介石を提唱し政府を武漢に移して執務していたのだが、この「党務整理案」可決により、1926年5月25日、毛沢東は国民党宣伝部長代理の職を離れ、仲の良かった汪兆銘とも別れることとなった。

一方、上海では労働者による武装蜂起が頻発するようになる。

1926年5月1日のメーデー（全世界労働者の日）には労働大会が開催されて、その数は124万人に達した。同年の10月23日に上海で労働者による武装蜂起があり、同様の武装蜂起は1927年2月22日および3月21日にも起きている。

一方、1926年6月15日に国民革命軍総司令に任命された蔣介石は、同年7月4日に本格的な北伐を宣言し、翌27年3月24日に南京に入城した。すると、いきなり南京の民衆が日本を含む外国領事館や居留民を襲撃するという事件が起きたのである。いわゆる「南京事件」だ。蔣介石の評判を落そうとしたコミンテルンの陰謀だった。これら一連の動きを見た蔣介石は、中共勢力が政権を奪取しようとしていると感知し、1927年4月12日に「上海クーデター」を起こすのである。これは中共勢力を武力で粛清しようしたもので、中共側および労働者側は惨敗した。

毛沢東は、中共の軍事力の無さを痛感すると同時に、労働者階級だけを相手にしていてはだめで、中国人民の圧倒的多数を占める農民を味方につけなければならないと深く自覚する。こうして武力強化と「農村に根拠地を」という、毛沢東の戦略が始まるのだ。

蔣介石の苦悩と張作霖爆殺事件

毛沢東の戦略に入る前に、蔣介石の苦悩と日本の動きを見ておきたい。

1927年7月、これまで中共に協力的だった国民党左派の汪兆銘武漢政府は、中共の背後にコミンテルンがあり、結局はソ連の野心のために中共が動かされていることを知ると、突然、中共と手を切った。だというのに、「打倒蔣介石」というスローガンを中共と共有することを捨てなかった。

蔣介石の夢は中国全土に割拠する乱れた軍閥を退治して、中華民国を統一することだった。民族の独立を達成したい。それしかない。

1926年7月4日に蔣介石は北伐を宣言するが、日本にとっては中華民国という国が乱れている方がありがたく、中国各地に群雄割拠する軍閥が倒されてしまうのは困る。そのため1927年5月、強硬派の田中義一首相は第一次山東出兵を強行した。名目は「日本人居留民の保護」だが、実際は中国の軍閥を通して手にしている既得権益を保持すべく北伐の成功を阻止するためだ。この山東出兵に遭い、蔣介石は1927年6月23日に、これ以上の北伐を進めることをあきらめ（第一次北伐を終了）、南京防衛に留めることにした。

一方、コミンテルンは南京事件を策謀したあと、「打倒蔣介石」のスローガンを掲げて、同年8月1日に江西省南昌で中共軍に武装蜂起をさせる。これを「南昌蜂起」と称するが、この「8月1日」を以て中共軍の建軍記念日としている（現在の中国人民解放軍の軍旗にある「八一」という文字は、ここから来ている）。蜂起軍の最初の名前は中国共産党を名のらず「国民党革命委員会」の名を借り、国民革命軍第二方面軍として国民党内部の武力を一部接収していた。南昌の公安局長が朱徳（共産党員、のちの中華人民共和国元帥、国家副主席）だったことも十分に利用した。まさに「ヤドカリ」作戦を実行したのだ。

孫文の理想を叶えようと頑張ってきた蔣介石だったが、さすがにいや気がさし、同年8月13日、自ら辞職宣言をして故郷に戻ってしまった。そして全世界を見聞し見識を広めようと、まずは来日するのだが、その間に田中義一首相とも会談している。しかし、田中首相の中国に対するあまりの侵略的野心に失望し、また中国国内からの政界復帰の要望に押されて翌1928年1月、国民革命軍総司令に復職し、一気に北伐を完遂させようとした。田中内閣は同年4月と5月に、第二次および第三次山東出兵をするが、蔣介石はそれを縫いながら北伐を続け、奉天閥の首領、張作霖を追い詰めた。6月4日、張作霖は蔣介石の北伐軍との戦いを避けて北京から撤退。これにより北伐はついに完成したかに見えた。

ところがこのとき、「張作霖爆殺事件」が起きたのである。

この日、北京から奉天（現在の遼寧省瀋陽）に戻ろうとして乗った列車の中で張作霖が爆殺されたのだ。奉天閥はもともと日本の支援を受けていた。ところが蔣介石の北伐の勢いが凄まじく、米英が支援する直隷閥が壊滅すると、張作霖は日本の支援から米英の支援へと乗り換え、欧米系列、特にアメリカへの接近を強めていた。

この張作霖をどのように扱うか。当時の日本の田中義一内閣と日本の関東軍の間で意見が割れていた。田中内閣は張作霖温存を選び、関東軍は満州国建国を画策し張作霖排除に向けて暗躍。

アメリカや田中内閣でも、張作霖爆殺の犯人は関東軍としたが、今なおコミンテルン陰謀説も根強い。田中義一は責任を取って辞職している。張作霖爆殺事件は、このあと満州事変へとつながっていく。

張作霖の息子・張学良は、父親が最後に残したとされる「日本軍にやられた」という言葉を知り、国民党の蔣介石と協力関係になる方向に動いた。これを以て、蔣介石の北伐は完了したとみなし、国民党による中国統一が、一応完成したとしている。

なお、国民党が建国した中華民国の政府を正式には「国民政府」と称するが、時によって本書では「国民党政府」などと書くこともある。国民政府は時期によって首都が異動し、1940年に日本が誕生させた汪兆銘政府（南京）を除けば、広州政府（孫文。

1925年〜26年)、武漢政府（汪兆銘。1927年、1937年〜38年)、南京政府（蔣介石。1927年〜37年、1946年〜48年)、重慶政府（蔣介石。1937年〜46年）と、首都が置かれた名称で政府名を区別している。

虎は三頭は要らぬ——井岡山での大量殺戮

一方、中共は1927年8月7日に湖北省の漢口で緊急会議を開き、中共側の武力のなさを痛感したことから武力強化を決定し「政権は銃口から生まれる」をスローガンに据えた。さらにその銃口を牛耳るのは党であるとして「党指揮槍」（党が軍を指揮する。槍は銃の意味）を党の基本とした。この会議を「八七会議」と称する。

現在の中国でも軍は党の指揮下にある。中共中央委員会の管轄下に中共中央軍事委員会があり、その主席は中共中央の総書記が兼ねる。今は習近平が中共中央総書記であるとともに中共中央軍事委員会の主席である。紆余曲折はあったものの、この基本精神は1927年の「八七会議」で打ち建てられて以来、100年近く変わっていない。

しかし、このときまだ軍事力などまったくついていないのに、中共軍が各地で武装蜂起を起こし、国民党軍と戦った。毛沢東も１９２７年９月９日の中秋節に５０００人ほどの工農革命軍を率いて秋収起義（秋の収穫期に起こした蜂起）を起こし失敗している。10月に湖南省との省境にある江西省の井岡山《せいこうざん》に逃げ、１０００人ほどになってしまった敗残兵とともに山に身を隠そうとするが、井岡山には「山の掟」があった。

そこには早くから農民自衛軍が樹立されており、「山の大王」がいたのだ。一人は袁文才という中国共産党員で農民自衛軍総指揮を担っており、もう一人は袁文才と義兄弟の契りを結んでいる王佐で、二人は仲良く山を管理し動かしていた。険しい山の中ほどには水田や村落もあり、農村経済によって軍隊を維持し、ときには山を下りて富農豪族から金品を奪い貧乏人に分け与えるということもする。彼らはもともと「土匪」の一つである「馬刀会」からスタートしており、その勇猛果敢さは右に出る者はない。義理人情に篤く貧乏人を助けたため、人望も並はずれており、強力な部下が大勢いる。

この山に入るには、「山の大王」の許可が必要だった。しかし二人とも毛沢東の名前を知らず、「よそ者」を歓迎しようとはしなかった。そこで毛沢東は警戒する二人を熱心に説得して、工農革命軍との協力を願い出た。最終的に「山の大王」は首を縦に振り、毛沢東らを迎え入れる。

もしこのとき、義理人情に篤い「山の大王」の許可と支援がなかったら、中国に「毛沢東」は存在していなかっただろう。彼にはあのとき、すでに退路はなかった。毛沢東が井岡山に新たな革命根拠地を作ることができたのは、袁文才と王佐が早くからそこに根拠地を作っていたからであり、二人の助けがあってこそのことである。

井岡山革命根拠地に関しては毛沢東が最初に切り開いた革命の聖地として「井岡山(ジーン・ガン・サン)」という長編の連続テレビドラマや映画あるいはバレエ劇まであり、中国では非常に高く評価されている。しかしその陰には、実は1万人におよぶ謎の「仲間同士の大量殺戮事件」、すなわち大粛清が潜んでいることは、あまり知られていない。なぜかというと、「真犯人は毛沢東だったから」ということらしい。

中共党史では、悪いのは「党内にＡＢ団のスパイがいるという捏造情報だった」ということになっている。「ＡＢ」とは「Anti-Bolshebik(反ボルシェビキ)」の略で、１９２６年11月、北伐のために江西省の南昌まで来た蔣介石が、国共合作をしていたはずの中共軍によって南昌が完全に制圧されているのを発見し、中共軍を叩くために組織したものである。

毛沢東は、１９３０年2月24日、革命の大恩人であったはずの「山の大王」、袁文才と王佐を、そのＡＢ団のスパイという嫌疑により処刑してしまったのだという。

なぜか――？　それは、「山に三頭の虎は要らぬ」からである。

二人を慕う部下からの報復も未然に防げるように１９３０年春から皆殺しを始めた。そして同年末には虐殺に対する反乱が江西省の富田《ふでん》というところで起きる。反乱者は口々に「打倒毛沢東！」と叫んだという。これを「富田事変」と称する。

国民党による本物のＡＢ団が動き始めたのは１９２７年１月で、３カ月間と期間を区切って結成したため、27年の春には消滅していた。４月12日に上海クーデターが起こったため、ＡＢ団が存在する必要性もなくなった。消滅から３年後の１９３０年にＡＢ団が中共内に組織的に何万もいるというのが、そもそもあり得ない設定だ。

１９６５年に毛沢東は井岡山に登り、袁文才と王佐は「殺錯了」（まちがえて殺した）と認めているが、「誰が殺したのか」は、もちろん言っていない。良心がとがめたのだろうか、生き残っていた袁文才の妻にお悔やみを言っている。

１９９３年になると、富田事変が起きた場所の中国共産党江西省委員会党校党史研究室主任だった戴向青教授が事件の真相を突き止めて論文を書き、翌94年に『ＡＢ団与富田事変始末（ＡＢ団と富田事変始末記）』を羅惠蘭と共著で河南人民出版社から出版した。大陸で出版されたために、この本には「偉大にして英明なる毛沢東」という言葉がちりばめられ、「富田事変は冤罪だった」で終わっている。1999年には南京大学の教授だった高華氏が論文を書き、2011年に香港中文大学から『紅太阳是怎样升起的（紅い太陽はいかにして立ち昇ったのか）』という本を出版して、「犯人は毛沢東だった」と明記している。香港だから可能だったのだろう。それ以降は、「真犯人は毛沢東である」ということは定説になっている。日本語では『中国がひた隠す　毛沢東の真実』（北海閑人著、廖建龍訳、草思社、2005年）などがAB団に関して詳述している。

高華氏は、この一連の殺戮事件を、毛沢東が江西ソビエット地区を固め、瑞金に中華ソビエット政府を樹立するための権力基盤づくりのためだと結論付けている。袁文才は競争相手ではなかったと思うが、まだ権力基盤が弱くコミンテルンとも仲良くなかった毛沢東としては、自分の存在を際立たせたかったのと、猜疑心が強く用心深すぎる「弱い側面」を持っていたからのように筆者には見える。実は袁文才こそは、毛沢東が理想としていた姿だったことが災いしたのかもしれない。

この事件により毛沢東は、「恐怖」によって周りを従わせる独裁的な帝王への道を学んだものと思う。敵（日本軍）を倒すのではなく中華民族を殺し、特に革命に貢献した共産党員の仲間たちをつぎつぎに処刑して自らの突出した権威を維持していこうとする手法は、彼の生涯を通して一貫している。

農村革命根拠地という戦略により、毛沢東は農村における勢力範囲を拡大させ、地主や富農の土地を没収して貧農に分配するという土地革命を実施していった。貧農にとって、地主に逆らったからには命はない。それを知っている農奴のような貧農たちは、後戻りができない状況に立たされながら、中共軍に参加していった。まさに命がけだ。これもある意味、「恐怖」という心理を利用したと言っていいだろう(この心理を筆者は「大地のトラウマ」と名付けている。これに関しては第七章の「歴史認識」の部分で詳述する)。

国の中に「国」を創る

この時点で、中共軍を中心としたソビエット区革命根拠地は全国に10カ所以上まで広がっていた。南昌蜂起のときコミンテルンは最初「国民党革命委員会という名を名乗れ」とヤドカリ論で国民党左派の抱き込みを図っていたが、やがて「ソビエットと名乗れ」と本性をむき出しにし、その軍隊を中国工農紅軍と改名するように指示している。「宿主」から抜け出て、「紅い色」を前面に出し始めたのだ。中国工農紅軍は「紅軍」と略称され、のちに中国人民解放軍の核心部分を形成することになる。1930年2月には江西省の瑞金を首都として中華ソビエット共和国創建に関する草案が決定されていた。ソビエット、つまりはモスクワのコミンテルンからの指示により、「中華民国」の中にコミンテルンをトップとする共和国を創ろうというのだ。構想案には共和国内の紙幣やその紙幣で経済活動を行なう銀行をはじめ、軍や警察、あるいは病院や学校など、すべての行政機能と社会生活機能が整備されている。

国の中に、「国」を創る。しかもソ連のコミンテルンが管轄する「国」だ。

中華民族が一つにならなければならないこの時に、そんなことを許してなるものか——。蔣介石はすぐさま紅軍を殲滅すべく、1930年12月、革命根拠地に対する包囲掃討《そうとう》作戦を始めた。

第一次中共掃討作戦には10万の国民党軍兵士を配した。しかし殲滅することはできなかった。戦った相手は朱徳率いる紅第一方面軍だ。

1931年4月、第二次掃討作戦には20万の兵隊を投じ、紅軍にかなりのダメージを与えたが、それでも殲滅できていない。工農兵なので、たかが知れていると読んだ蔣介石の誤算だ。のちに毛沢東とコミンテルンは激しくぶつかり支援も途絶えるが、このときはまだ、コミンテルンからの支援があったのである。コミンテルンは当初、国共を合作させて、ソ連の本当の敵である「日本」を、ソ連に代わって中国人に打倒してほしいと考えていた。これはロシア帝国からの一貫した、もう一つの野望だった。しかし国共合作が決裂した今となっては、共産圏の国を中国内に創る以外にない。そのための武器支援を続けていたのだ。このときも朱徳の紅第一方面軍が活躍した。

同年7月、第三次掃討作戦には蔣介石は30万の兵士で猛攻撃を行なった。さすがに紅軍は大きなダメージを受け、毛沢東まで陣頭指揮に当たり苦戦した。この戦いは9月に入っても続き、蔣介石はさらに20万の兵士を増強し、50万人体制で紅軍を殲滅しようと作戦を練っていた。

あともう一歩だった。紅軍も場合によっては逃げ出さなければならないところまで追い込まれた。それだというのに、第三次中共掃討作戦遂行中になんと、「満州事変」が起きたのである。

紅軍は救われた。日本軍が紅軍の危機を救ったのである！

満州事変で「救われた」紅軍

1931年9月18日、日本陸軍部隊の一つである関東軍は、奉天（現在の遼寧省瀋陽）郊外にある柳条湖で、南満州鉄道の線路を爆破した。関東軍とは、日露戦争の結果、清国から奪取した関東州（遼東半島）の権益を守るために置かれた関東総督府の守備隊で、のちに満州にいる日本軍を関東軍と総称するようになる。

この爆破事件を関東軍は中国（張学良が率いる東北軍）のしわざと言い張って瀋陽に進軍し、一気に満州全域を手中に収めるようになる。翌年には愛新覚羅溥儀を執政（後に皇帝）に祭り上げて「満州国」を建国。日本政府側は中国における不拡大を主張していたが、軍部の独走を抑えるだけの力を持ちえなかった。この「満州事変」は「柳条湖事件」とも言われるが、中国では発生した月日にちなんで「九・一八事件」と称する。

当時の日本の社会背景としては世界大恐慌などがあり、関東軍は「(満州における)日本人居留民の安全を守らなければならない！」と声高に叫び、世論もそれを後押しした。日本には満州一帯を占拠して緩衝地帯とし、ソ連の南下を防ごうという意図もあったことはまちがいない。

特に満州にはロシア帝国が敷設した東清《とうしん》鉄道があり、満州北部を東西に真横に結ぶ本線と、その真ん中あたりのハルピンから南に向かい長春を経て不凍港である旅順、大連へとつながる南満州支線があった。これは日清戦争のあと三国干渉してきたロシアが、当時の清王朝の李鴻章と露清密約を交わして敷設した鉄道だ。その後の日露戦争に勝った日本は、1906年、ロシア帝国から南満州支線部分を移譲させ、南満州鉄道（満鉄）を設立し、満州一帯を半植民地化していた。この利権を完全に日本のものにし、ソ連の南下を食い止めようと、軍部が画策したのである（1935年に東西に横切る東清鉄道本線も日本のものとする）。

実は満州事変が起きると、蔣介石は直ちに中華民国の名において国際連盟に日本国を提訴している。32年の10月にリットン調査団が報告書を出し、連盟で承認されると、それを不服とした日本は連盟を脱退した（33年3月）。分担金を支払っているのに連盟が日本批難の場になっていることに不満を抱いていた日本国民は脱退を熱狂的に礼賛した。連盟の提唱者であるアメリカもそれ以前から実際上参加していなかったので、連盟の権威失墜にもつながり、束縛をなくした日本は本格的な日中戦争へと突き進んでいく。

ところで瀋陽から満州事変に関する第一報を受け取ったとき、蔣介石はまだ、第三次中共掃討作戦のまっただ中で、江西省の南昌にいた。中共が中華ソビエット共和国を建国しようとしているのは江西省なので、ここで徹底して中共の紅軍を殲滅しなければ、孫文が「革命いまだならず」と辞世の句を残した「中国革命」の遺志を遂げることはできない。だから、この掃討作戦で孫文の革命の夢を実現させるつもりでいた。

それを打ち砕いたのは日本の関東軍だ。

もしあのとき軍部の暴走を日本政府が食い止めることができていたら、いま私たちの隣にある国は「中華民国」で、共産党による一党支配体制の国は誕生していなかっただろう。中華人民共和国という共産党が君臨する国家を誕生させてあげることに貢献したのは、ほかならぬ日本軍部とそれを制御できなかった内閣である。

満州事変が起きたのを聞いて大歓声を上げたのは、毛沢東ら中共軍だ。

これでかねてからの予定通り、コミンテルンの指導による中華ソビエット共和国を「建国」することができる。このとき毛沢東は党内権力を握るための権力闘争である「富田事変」にまだ終止符を打っていなかった。強力な軍事力を持つ蔣介石国民党軍と党内権力闘争による挟み撃ちで、毛沢東は絶体絶命の淵にあった。

本書の「はじめに」に書いたように、毛沢東は戦後（1956年）、元軍人の遠藤三郎と会ったときに「日本軍閥が中国に攻め込んできたことを感謝する。そうでなかったら、私たちは今もまだ、北京に到達していなかっただろう」と言っているが、その「日本への感謝」の思いは、この時点から発生していたと考えていい。

満州事変が起きたというのに、まるで「おかまいなし」のように1931年11月7日、中華ソビエット共和国が江西省の瑞金で正式に誕生し、臨時政府が樹立された。臨時政府の主席に選ばれたのは毛沢東である。井岡山であげた「手柄」が功を奏した。仲間を大量に殺戮しただけの効果があったわけだ。中国が日本に侵略されて、東北地帯に傀儡政権の「満州国」が誕生しているというのに、毛沢東はその中華民族の屈辱を重視することなく、「紅い党」の建設を第一に置いたのである。

一方、蔣介石は中華民族を第一に置き、「日本が公然と侵略行為に出たのは痛心のきわみである」として「このたびの厳しい国難の中で、わが国民は挙国一致して真の愛国精神を発揮しなければならない」と訴えている（9月22日の演説）。

しかし、国内には中共という内憂があり、日本と戦うことに専念することはできない。抗日に専念すれば、中共がそのスキをついて国民党に攻撃を加えてくるだろう。中共がよって立つところはソ連のコミンテルンだ。コミンテルンが中国を支配し、ソ連のスターリンのコントロール下にある国ができあがれば、中華民族は今度はソ連の属国の民となるだけであって、中華民族の誇りはいつまでも踏みにじられたままになる。だから「忍ぶことは屈服することだけではない」として、蔣介石は「攘外先安内《じょうがいせんあんない》（国内を先ず安定させて、それから外国を攘《はら》う（しりぞける）」を国民に呼び掛けるのである。

蔣介石はこのときの日本に対する見方を『敵か味方か』という冊子（1952年）に書いている。その中の要点をいくつか列挙する。

●理を知る中国人はすべて、究極的には日本人を敵としてはならないということを知っているし、中国は日本と手を携える必要があることを知っている。日本人のなかにも同様の見解を抱く者は少なくないと思う。

●日本は米英ソという強敵を打倒し東亜を統一しようと望んでおり、そのためには満蒙を取らなければ日本の国防安全上の脅威は除去できないと言って、国民をあざむいている。そのため満蒙を政略経営しなければならないと主張している。

●中国はいま革命期にあり、指導者がおり、民族意識を備えている。日本の武力がいかに強くても、この十分に民族意識を備えた国民を、ことごとく取り除くことはできない。

●日本が領土侵略の行動を放棄しさえすれば、日本と友人になることを願っている。日本がそれを理解しない限り、日本が中国を制圧することはできない。

実に透徹した分析だ。

一方、中共は蔣介石の苦しい立場を逆利用し、自らは日本と戦わないでいるのに、蔣介石がすぐには日本と戦おうとしないことを以て蔣介石を売国奴と宣伝し、「戦っているのは共産党だけだ」として勇ましいスローガンを掲げ、抗日世論を煽った。

蔣介石が中華民族の思いを切々と訴え本気で嘆き悩んでいるのに対して、毛沢東は満州事変を「絶好のチャンス」と位置付けていることは注目に値する。毛沢東にとって重要なのは中華民族ではなくて中国共産党であり、「誰が天下を取るか」だった。

蔣介石は「忍ぶことは屈服することではない」という信条と「攘外先安内」の約束通り、「安内」を先んじ、1932年6月、第四次中共掃討作戦を再開する。しかし第四次掃討もまた、日本軍の熱河省侵攻により、その対抗戦に力を注がなければならなくなり、失敗に終わっている。

内に秘めたコミンテルンへの憎悪

事態が動いたのは、中共内部で表面化した内部分裂だった。

毛沢東は大きな戦いを正面から行なってはならないという「ゲリラ戦法」を基本戦略に置いていた。それに対して、依然として上海中共中央局を牛耳っている王明などのソ連組は「正面出撃」を主張。「毛沢東のゲリラ戦術は退却と逃亡でしかなく、まるで三国志の世界だ」と、コミンテルンが毛沢東を批判し、毛沢東の代わりに張聞天《ちょうぶんてん》を人民委員会主席の座に就けた。コミンテルンはさらに軍事顧問としてドイツ人のオットー・ブラウン（中国名・李徳）を派遣した。

かくして毛沢東は、いとも簡単に「失脚」するのである。

このときから毛沢東のコミンテルンへの微妙な憎悪が心の奥深くに燃えていく。延安に着いてからの、王明に対する「いぶり殺し」のような残忍な虐め方には、ぞっとするものがある。その詳細はソ連の記者、ピョートル・ウラジミロフの手記『延安日記 1

942―1945』に実に鮮明に描かれている。毛沢東は立場上、コミンテルンのいうことを聞いているように振る舞いながら、心の中ではソ連を嫌っていたのだ。

そもそも中共中央委員会総書記（初期の呼称は中共中央局書記、中共中央執行委員会委員長など）という中共のトップの座に就いていた人たちの名を並べると、

●陳独秀（1921年7月～1927年8月）（日本留学、成城学校）
●瞿《く》秋白《しゅうはく》（1927年8月～1928年7月）（モスクワ東方大学の助教授）
●向忠発（1928年7月～1931年6月）（ソ連に行き、コミンテルン代表）
●王明（1931年6月～1931年9月）（モスクワ中山大学留学。コミンテルン代表）
●秦邦憲《しんほうけん》（1931年9月～1935年1月）（モスクワに行っていた王明の代理）
●張聞天（1935年1月～1943年3月）（モスクワ中山大学。教授経験も）（別名：博古。ソ連留学）
●毛沢東（1943年3月～1976年9月の死去まで終身）

となる。毛沢東が中共中央のトップに上るまでには、すさまじく長い時間がかかっていることがわかる。その間には、日本人にはあまり馴染みのない名前が並んでいる。コミンテルンが命じてきた人物ばかりだからだ。

毛沢東は自分を田舎者と軽蔑するコミンテルンが、本当は大嫌いだった。当時、ソ連のリーダーであったスターリンは、毛沢東のことを「田舎バター」と嘲笑っていたことを、毛沢東は知っていた。特に、前記メンバーたちの括弧内に記した註を見ていただければすぐに分かるように、毛沢東以外はすべて留学組である。ほとんどがモスクワで、モスクワ中山大学には「28人のボルシェビキ」というエリート気取りのグループがおり、王明、張聞天、博古などが、そのメンバーとしてエリート風《かぜ》を吹かせていた。

毛沢東がどんなにソ連（特にコミンテルン）を嫌い、知識人を心の底から憎んだか、このリストを見ればご想像いただけるだろう。これもまた、毛沢東が新中国誕生以来、徹底して知識人を迫害した原因の一つなのである。北京大学図書館よりも、もっともっと根が深かったかもしれない。

このときコミンテルンが命じてきたオットー・ブラウン軍事顧問は、毛沢東のゲリラ戦法を捨てさせて、その代わりに積極的な突撃型戦法を実施した。

ところが、その戦法に切り替えた瞬間、瑞金ソビエット政府はいとも簡単に壊滅してしまったのである（紅軍には第○方面軍という形で30種類ほどの系統がある。『毛沢東年譜』にも数多くの日時が書いてあるが、少なくとも毛沢東ら瑞金にいた紅第一方面軍は1934年10月18日に最終的に瑞金を離れたようだ）。

毛沢東ら紅軍は、瑞金ソビエット政府を放棄して、ひたすら逃げるしかない。このまま留まれば全員の命も保障できない。そこで中共がこんにちもなお「偉大なる長征」と銘打っている敗走劇が始まるのだが、蔣介石は悔しがった。なぜなら、国民党軍が瑞金に駆け付けたときには、すでに瑞金ソビエット政府の庁舎の中は、もぬけの殻になっており、毛沢東らを取り逃がしてしまったからだ。

しかし、戦いはまだ終わっていなかった。

第三章　日中戦争を利用せよ――西安事件と国共合作

長征を成功させた日本軍のアヘン政策

毛沢東や周恩来あるいは朱徳に率いられた（江西省）瑞金ソビエット政府にいた約10万人の紅軍を「第一方面軍」と呼ぶ。それ以外にも四川省や湖南省（第四方面軍）など、各地に紅軍が散らばっていたが、コミンテルンの指示に従って、いっせいに西へ西へ、そしてやがては北へ北へと逃走を始めた。

その距離1万5000キロ。徒歩で逃げる。

毛沢東らは、のちにこの敗走を「北上抗日」と称しているが、西北の山奥まで逃げたのは、そこなら国民党軍も追いかけて来られないだろうと期待したからである。ましてや日本軍など、そのような辺地には一人もいない。日本軍から最も遠いところに逃げて、どうやって「抗日」戦争をするのだろうか。

このとき「抗日先遣隊」として6000人ほどの紅軍兵士を派遣している。その唯一の生き残りで先遣隊の軍団参謀長だった粟裕《ぞくゆう》（新中国誕生後は中国人民解放軍総参謀長）は、回想録『粟裕　戦争回想録』（粟裕著、解放軍出版社、1988年）で、抗日派遣隊の目的を知らされていなかったと記録している。そして「のちに初めて知ったことだが、中央が先遣隊を派遣した直接の目的は、国民党の統治する重要な地区を脅かすため」であると、「抗日」の要素がなかったことを、うっかり書き記している。先遣隊の参謀長だった粟裕にさえ、「逃亡」の目的が知らされておらず、他の多くの紅軍の指導的立場にあった者も、「逃避」とか「征西」とか「退却」といった種類の言葉は使っても、実質として「抗日」のための長征であったとは述懐していない。ただしスローガンとしては「中国工農紅軍の北上抗日宣言」を出したり、「一致団結して日本帝国主義を中国から追い出そう」という宣伝ビラを160万部以上も印刷し配布している。中国人民はこの「宣伝ビラ」を信じてきたのだ。

日本軍のいない西北に「逃げろ」と打電してきたのはコミンテルンだ。いざとなったらソ連に逃げさせようという心づもりもあった。だから武器だけでなく無線機や印刷機といった、コミンテルンと連絡が取れる所帯道具を抱えながらの逃走。食糧もやがて尽きた。毛沢東や周恩来は逃走の途中で駆り出された農民にかつがせた担架の上で横になったこともあったという。

国民党の政府軍は追討をやめず、湖南、貴州、広西に軍隊を配備し掃討を続けた。しかし毛沢東らは山の中に逃げ込み、けわしい地勢ばかりを利用して逃走するので殲滅することはできなかった。それでも紅軍への打撃は計り知れなかった。

ようやく国民党政府軍の守りが薄い貴州省の遵義《じゅんぎ》県まで落ち延びたときには、10万人だった紅軍は3万5000人にまで減っていた。

1935年1月15日から17日間、占拠した邸宅で「遵義会議」を開く。

一休みしたかったという理由もあっただろうが、毛沢東としては一刻も早く、ソ連組との決着をつけたかったということもあったにちがいない。遵義会議では、コミンテルンの指示による攻撃型戦法の失敗を総括し、ソ連組が失脚する。そこで「周恩来、張聞天、毛沢東」の3人体制が決議されるのだが、周恩来は自分がコミンテルン方式に賛同したために瑞金政府を放棄しなければならなかったことを反省し、軍事の最高責任者の地位を毛沢東ひとりに譲ろうと決意するのである。その結果、毛沢東は中共中央軍事委員会主席に選ばれた。遵義会議は党幹部がきちんと揃った会議ではなかったので、その合法性を問題視する党員もないではなかったが、実権を握った毛沢東の勝ちである。

遵義で一休みしたあと、紅軍はふたたび北西を目指した。毛沢東は四川省にソビエット区をつくっていた紅第四方面軍と合流しようと考えた。第四方面軍の兵力は7万人。コミンテルンからの武器援助を受け戦力が強い。この軍事委員会の主席は張国燾《ちょうこくとう》だ。

この二人が合体すれば紅軍は強くなる。国民党政府軍は、この合流をなんとしても阻止しようと、四川省と湖北省から挟み打ちした。蒋介石は自ら四川の指揮を執り、湖北省武昌軍団の主任には、東北軍区の王、あの張学良を当てたのである。

四川省で蒋介石が待ち受けていることを知った毛沢東は、北上をやめて突如、貴州を南下し始めた。貴州省は今でも雲南省とともにアヘンのデルタ地帯。蒋介石は重慶（当時は四川省）から軍用機に乗って貴州に駆けつけたが、毛沢東の計算のほうが正しかった。国民党の貴州軍はアヘン吸飲者が多く、軍隊としての体《てい》をなしていなかったからだ。毛沢東らは追撃をかわし、雲南省へと逃げ込むことに成功したのである。

おまけに紅軍はコミンテルンからの指示を待つための高性能な無線機を持っている。アヘンに毒されていた貴州軍は誤って無線を紅軍がキャッチできる暗号コードで送ってしまった。国民党軍の情報が漏洩したのだ。

アヘンはもちろん1840年のアヘン戦争によってイギリスからもたらされたものではあるが、その後、日本が中国の東北に傀儡政権「満州国」を樹立してからは、日本のアヘン戦略は組織だって動いていた。東条英機や岸信介（安倍総理の祖父）などの下に麻薬特務機関（里見甫《はじめ》の「里見機関」など）があり、「満州国」内だけでなく、天津や上海、あるいは貴州、雲南といった地域にもその影響力を広げていた。

筆者の父は、中国に蔓延していた麻薬中毒患者を治療するために中国にわたったのだが、「満州国」は父が発明した麻薬治療薬の製造は許可したものの、宣伝は厳禁すると父に言いわたした。それは秘密裏に中国で麻薬を蔓延させ巨額の活動資金を手に入れながら、表面的には「満州国は麻薬禁断計画を実施しているから」というものであった（詳細は拙著『卡子（チャーズ）——中国建国の残火』27頁参照）。

毛沢東はつねに書物や新聞を読み漁っていたが、その情報量の豊富さは群を抜いていた。しかも膨大な情報の中から、「これは」と思うものを抜き出す直感が鋭い。問題意識を持っているからだろう。裏の情報、民の情報のキャッチにも長《た》けている。こういった情報を生き延びるための戦略に使ったのは、さすがだ。

このときの貴州、雲南への戦略的南下は、天下分け目の戦いで、まさに明暗が分かれる分岐点にあったと言っても過言ではない。この南下戦略をとっさに判断できていなかったら、紅第一方面軍は完全に全滅していただろう。毛沢東の立場に立てば、またしても日本軍（の麻薬特務機関）によって救われたということになる。

日本軍に感謝せずにおられるだろうか——。

それでもようやく毛沢東が応援を期待していた紅第四方面軍と合流できた時には、毛沢東の紅第一方面軍は、わずか1万人を残すだけとなり、ボロボロにくたびれきっていた。

それを見た紅第四方面軍の軍事委員会主席・張国燾は、なんと毛沢東らを蔑《さげす》んだのだ。そして遵義会議の決議を非合法と批判したのである。ここで内紛が起きるのだが、さらに南下すると主張する張国燾に対し、毛沢東は陝西省《せんせいしょう》西北部方向への北上を選んだ。

なぜなら、そこは山岳地帯で国民党軍が追いかけてきにくい地点であり、そして何よりもそこには習仲勛《しゅうちゅうくん》と劉志丹《りゅうしたん》がいたからである。

習仲勛は、現在の習近平国家主席の父親だ。延安を中心とした陝西省の西北革命根拠地は、習仲勛やその先輩である劉志丹らが早くから築いてきた。

毛沢東が西北革命根拠地に辿《たど》り着く寸前に、習仲勛や劉志丹らが王明系列の康生に逮捕投獄され、まもなく処刑されるのを知った毛沢東は、すぐさま釈放するように打電し、習仲勛は一命を取り留める。そのため今度は逆に1935年10月20日頃、ボロボロになって西北革命根拠地に辿り着いた毛沢東に、習仲勛は援助の手を差し伸べ、生涯、忠誠を尽くすのである（もっとも、建国後の文化大革命期、康生の巧みな事実捏造により習仲勛は逮捕投獄され、16年間も監獄生活を送ることになるが）。

到着した日時をピタッと特定するのは困難である。なぜなら西北革命根拠地は陝西省北西部と甘粛省にまたがって陝甘《せんかん》ソビエット区という革命根拠地を形成していた上に、この革命根拠地に着いた後、より良い場所を求めてさらに移動しているからだ。『毛沢東年譜』によれば、その範囲内に着いた日は10月下旬から11月上旬にまたがっている。

少なくとも確実に言えるのは、毛沢東が率いた部隊は出発時に10万人程度いたが、到着時には数千人にまで減っていたことだ。紅軍全体を合わせれば、長征前に30万人ほどいた兵士が到着時には2万人ほどにまでに減っていた。初期は国民党との戦いで命を落とし、途中からは飢餓や過労あるいは脱走などによる。紅第二方面軍、紅第三方面軍および紅第四方面軍の一部がすべて延安に到達するのは、それから約1年後の1936年

10月22日である。この時点を以て、長征はすべて完了したとみなしている。

習近平がいま、自分を「延安の人」と位置付けて、毛沢東の威光を借り毛沢東回帰をしているのは、ここから来ている（この詳細は拙著『チャイナ・セブン――〈紅い皇帝〉習近平』に譲る）。

なお、張国燾はのちに（1937年3月の中共中央政治局拡大会議で）共産党員を除籍され、1938年4月に延安を去って国民党に投降し、国民党の特務機関である国民政府軍事委員会調査統計局（略称：軍統、BIS）で反共スパイ活動に従事する。

蔣介石拉致事件をめぐる陰謀

貴州省でアヘンに毒された軍隊と打電ミスにより、またしても毛沢東を逃がしてしまった蔣介石は、なおも中共掃討作戦をあきらめなかった。

1936年2月21日、いったんは陝西省延安の山岳地帯に革命根拠地を構えた毛沢東が、食糧事情の困窮により「東征抗日」と称して東側の山西省の農村に出撃すると、蔣介石はこれを迎撃すべく、山西省と陝西省に配備している国民党政府軍を動かした。そのうち陝西省の指揮を執らせた者の中に張学良がいる。

このとき国民党政府軍は、紅軍側兵士に3000人ほどの死者を出させ、劉志丹はこの内戦で戦死している。山西省で農民の食糧の略奪をおこなった紅軍は、5月3日、ほうほうの体で陝西省に引き上げた。蔣介石に言わせれば、あと「5分もあれば、いや、多くとも一週間あれば紅軍を完全に殲滅できる」というところまで来ていた。

ところがここで、とんでもないことが起きる。

蔣介石が頼みとしていた張学良が、毛沢東らの甘い誘いに負けて、中共側に寝返ってしまうのである。そして1936年12月12日に西安で蔣介石を拉致監禁して、国共合作を無理やりに吞ませてしまうのだ。これを西安事件という。あと一歩のところで、蔣介石は8年間もかけて戦ってきた「攘外先安内（国内を安定させてから外敵をはらう）」という中華民族統一の夢を打ち砕かれてしまうのである。

詳細な経緯を書こう。国民政府軍はたしかに紅軍を完膚なきまでに追い込んでいたが、張学良もまた最も頼りにしていた師団長や参謀および多くの部下を戦死させ、大きな犠牲を払っていた。「いったいどこまで中共掃討作戦を続ければいいのか」という迷いが、張学良の心の中に生じていた。

対抗すべき相手は日本である。こんなにまで中共を打倒するために力を注ぎ、命を落とすくらいなら、その力を抗日に向けるべきではないか。蔣介石はたしかに「攘外先安内」という信念のもと、まずは国内の反政府分子を打倒してからでないと、いまの戦力で日本軍に立ち向かうのは自滅を招くに等しいとして、われわれに中共掃討作戦を遂行させてきた。しかし、そのための双方の犠牲には目に余るものがある。もしこの力を双方が協力して抗日に振り向ければ、無駄な仲間同士の殺し合いはしなくてもすむのではないか。

張学良は、ふと、そう思うことがあった。その微妙な心の変化を、毛沢東らは一つ残らずキャッチしていた。いたるところにスパイを張り巡らせているので、敵方のどんな情報でも入ってくる。

そもそも万里の長城の北側（中国の東北地方）にいた軍隊や住民の多くも、日本が「満州国」という傀儡政権を築いて以来、故郷を追われ万里の長城の南側に流れてきて、不満の日々を送っていた。その哀しみを歌った『松花江上（スンガリーの川面の上）』

という歌がある。歌詞の中には「九一八」という言葉が何度も出てくる歌だ。毛沢東らは、その東北軍に「中国人不打中国人（中国人が中国人をやっつけるなんて、おかしいではないか）」と呼びかけ、「抗日救国（一致して抗日に力を注ぎ、国を救おうではないか）」と訴えたのだ。

これらの言葉は東北を追われた多くの人々の心に熱くひびいた。

しかも呼び掛け方がうまい。共産党員自身が国民党軍兵士を説得するのではなく、共産党工作員はまず一般民衆を説得し、賛同した者を絶対に共産党員にはさせず、一般市民のままの身分で毛沢東らの考え方を国民党兵士に伝えるという、間にクッションを置いた方法を講じた。中立分子や救国会などが訴えれば民心は動きやすい。さすが、膨大な本を読みまくってきただけのことはある。毛沢東は兵法のすべてを心得ている。

次の段階として、毛沢東は周恩来や潘漢年《はんかんねん》（次章に出てくる中共特務機関のスパイ）に指示して、張学良を説得するように命じた。第二段階に入ったわけだ。この段階を踏むことが重要なのである。

周恩来たちの持ちかけ方も肝心だ。まず「蔣介石は実にすばらしい」と蔣介石を持ち上げる。つぎに「蔣介石こそが国家に忠実であり、抗日のためには、まず蔣介石が指導することを擁護しなければならない」と認める。その上で、「どうだろうか。ともに力を合わせて抗日統一戦線を組もうではないか。中華民族の誇りを取り戻すのだ」と最後のとどめを刺す。張学良はすっかり二人の説得に感銘を受け、中共側が言うことは実に正しいと思ってしまった。そして蔣介石に、国共合作を持ちかけてみた。

蔣介石は激怒した。中共の背後にはコミンテルンがおり、中共が天下を取れば中華民族は今度はソ連の属国の民となるだけだ。中華民族は独立しなければならない。騙されるんじゃないと怒った。

事実、この背後にはコミンテルンがいた。1935年8月1日、モスクワではコミンテルン大会が開催され、「中国に広範な抗日反帝国主義統一戦線を打ち建てよ」と決議された。そして「抗日救国のために全同胞に告ぐ書」という文書を中国ソビエット政府・中国共産党中央の名で発表させた。これを「八一宣言」という。

聞こえはいい。しかし実態は、何とかして国民党政府を日本と戦わせ、戦力を消耗させてから国民党を打倒し、共産党の国家を創ることを目指したものだ。これが事実上コミンテルンのトップに立っているソ連のスターリンの考え方である（ソ連政府とコミンテルンは別系列といいながら、実際は一つだ。「モスクワ」で代表されている）。だからこのままにしておくと国民党政府が強大になって、中国に共産主義政権は生まれなくなる。なんとしても紅軍を打倒する中共掃討作戦を中止させなければならないと、コミンテルンは思っていた。

筆者はかつて、アメリカのスタンフォード大学フーバー研究所の図書館にのみ置いてある蔣介石直筆（毛筆）の日記を読むためにフーバー研究所に通ったものだ。コピーも写真も撮ることが許されず、許されるのは全ての荷物をロッカーに入れた上で、フーバー研究所専用の便箋と鉛筆を渡され、そこに筆記することだけである。鉛筆の濃さに関しては選んでも良いことになっている。

中国で生まれ育ち、革命戦争を経験して、新中国誕生後は毛沢東思想教育を受けてきた筆者は、「毛沢東は神のごとく神聖で偉大であり、蔣介石は日中戦争において戦わなかった売国奴だ」ということを体のすみずみに染み渡るほど教え込まれてきた。まさに洗脳だ。その影響から必死で抜けようと葛藤を続けてきたが、その筆者にとって蔣介石日記は電撃のようなショックを与えた。

志の高潔さ、本気で国を思う責任感。それは一文字一文字の毛筆からにじみ出て、深い感動を与える。彼は本気で「中華民族」のことを考え、国を憂い、民を第一に置いていた。しかも蔣介石はこのとき、コミンテルンのこの考え方をすべて見抜いていたのだ。国共合作をさせて、あと一歩で滅亡しそうな紅軍をこれ以上国民政府軍に追い詰めさせず、国民党軍が日本と戦っている間に、共産党が強大化していく。そのための国共合作であることは見え透いている。このあたりのことは『蔣介石秘録11　真相・西安事件』（サンケイ新聞社著、サンケイ新聞社出版局、1976年）に実によく表現されている。

ただ注目しておきたいのは、蔣介石はこのとき日本となんとか和平交渉をすることができないかと、日本の広田弘毅外相と何度も話し合っていたことである。戦争が始まろうとしていたわけではない。広田外相は「広田三原則」を発表して、日中和平工作に本気で力を注いでいた。

もちろん1935年11月に起きた中山水兵射殺事件、1936年になると8月の成都事件、9月の北海事件、漢口邦人巡査射殺事件、上海日本人水兵狙撃事件など、つぎからつぎへと不可解な事件が続発している。その中の多くは日本軍が戦争を仕掛けるための陰謀、ヤラセだったという見方が主流だ。

また、たしかに日本軍の上層部では、満州国のつぎに、万里の長城の南側にある華北一帯を占領しようという野望が渦巻いてはいた。しかし、やがて本格的な戦争が始まるだろうということをコミンテルンが事前に知っていなければ、蔣介石と日本を戦わせようというような国共合作案を出すはずがない。

日本の極秘情報が、どうしてモスクワのコミンテルンに漏れたのか？

西安事件が起きるのが１９３６年12月で、日中が全面戦争に入るきっかけとなる盧溝橋事件が起きるのが１９３７年７月７日。

日中が全面戦争に入った後ならば、まだわかる。戦争が始まったのだから、国民党だの共産党だのと言わずに、ともかく力を合わせて戦おうではないか、という論理ならば整合性がある。しかし西安事件と盧溝橋事件は、時系列的に逆転しているのだ。先に「ともに戦いましょう」という戦争勃発を前提とした西安事件を起こして、あとから「戦争が起きる事態」になる。これは、どう考えても時系列的整合性がない。筆者はこの整合性のなさが気になってならなかった。たしかに紅軍が滅亡寸前だったという喫緊の状況はあったが、事前に、日本がやがて日中戦争に入る極秘の動きをしていたことを知っていた人物がいて、それをコミンテルンに知らせたということ以外にない。

その整合性のなさの延長線上にいたのが、ゾルゲだ。ソ連のスパイとして有名なゾルゲの存在に到達して、ようやく西安事件と盧溝橋事件の時間的逆転に関する整合性を得ることができる。

ゾルゲは１９３０年からドイツの大手新聞の記者として上海の租界地に派遣されたソ連のスパイだ。上海では朝日新聞の記者、尾崎秀実《ほつみ》と知り合い、また毛沢東を取材したアメリカの左翼系ジャーナリストだったアグネス・スメドレーとも親交を深めている。

ゾルゲは１９３３年にはドイツの新聞社の東京特派員およびナチス党員として来日し、尾崎と再会。尾崎はやがて近衛内閣のブレーンとなるが、その前から政界や軍部の要人たちと接触していた。ゾルゲはその尾崎を通して機密情報を得るようになる。

そうでなくとも、日本には好戦ムードが漂っていた。軍部の暴走を政府がとめられないという情況にあった。やがて日本が中国に戦争を仕掛けてくるという情報をコミンテルンに届けるくらいは、容易なことだったにちがいない。

蔣介石には、おおむねのことは分かっていた。しかしそれでも、蔣介石が「最後の５分の戦い」を命じたときに、西安にいた張学良が動かなかったことに蔣介石は怒った。

そこで１９３６年12月４日、わずかな部下を引き連れただけで、西安に向かってしまう。

周りの者は止めたが、蔣介石は「自分は何も悪いことはしていないから大丈夫」と言って、ほぼ単身のような形で張学良のもとに行くのである。

そして西安で張学良によって拉致監禁されてしまう。張学良は中共から指示された通りの八つの要求を蔣介石に差し出し、これを呑めば南京に戻すと、交換条件を出してきた。この要求に対して蔣介石は激怒してすべて拒絶し、さっさと殺せと居直るのである。八つの要求のうち六つを呑んだとか、四つを呑んだとか、いろいろな報道があるが、蔣介石はすべて完全に拒否したと、のちに日記に書いている。

張学良はこのとき「蔣介石の日記を読んで」(?)、初めて蔣介石の志の高さに気づき、本当に中華民族のことを考えているのは蔣介石だと後悔したという趣旨のことが、記録にはある。蔣介石は毎日日記をつけていたから、西安に行くときも日記を持参していたにちがいない。監禁したときに荷物を没収し、張学良は蔣介石のカバンの中に入っていた日記を読んだようだ。

張学良は悔恨の念に震え、うちひしがれるが、時すでに遅し。

ところが、そこへコミンテルンから指示が来た。「蔣介石を殺してはならない！」という。日本という敵がいて、蔣介石がその敵と戦っているという情況がないと、共産党が発展するのは厳しい。日本との戦争は蔣介石にさせろということだ。コミンテルンは、まもなく日中戦争が始まるのを知っていた。

蔣介石が拉致されたのは1936年12月12日で、自由の身になったのは12月25日午後3時。南京には26日に戻った。南京では一日遅れのクリスマスプレゼントだと言って爆竹が鳴り響き、蔣介石の巨大な肖像画が街を飾り、市民が「蔣介石万歳!」「中華民国万歳!」と叫んで蔣介石を迎えた。蔣介石は逆に、自分の存在がこのように位置づけられていることを初めて知って深い感動を覚えるのだった。

そして案の定、翌1937年7月7日、北京で盧溝橋事件が起き、日中全面戦争に入ったのである。

「抗日には兵力の10%しか注ぐな!」

盧溝橋事件の話に入る前に、西安事件後の毛沢東の行動を少し見てみよう。

1937年1月、さっそく中共側から国民党側に打電があり、「兵士5万人を保留し毎月50万元の軍費を支払ってほしい」旨の要求があった。やっぱり、この軍費が目的の一つだった。紅軍は壊滅寸前で経費的にも限界に来ていたからこそ国共合作を申し入れたことが、この事実からも明白である。

蔣介石は断固反対した。1万5000人以上の兵士を持つことは許さないと返答。双方の押し問答の末、2万5000人で妥協し、毎月20万元から30万元の軍費を蔣介石が中共側兵士に支給することが決定した。

なんとまあ、図々しいこと。

上海市のデータで申し訳ないが、上海市地方志弁公室にあるデータによれば1937年当時、上海の一般労働者の平均月給は12・18元である。蔣介石が毛沢東らに支給した経費には、兵士に支給する軍費以外に衣食住などの生活費があるので、おそらく全体を合わせれば毎月50万元近くになると思う。

仮に、支給額を30万元としてみよう。この金額は、当時の上海労働者の2050年間分の年俸に相当することになる。こんな高額のものを毛沢東は蔣介石から、毎月支給してもらうのである。

ソ連のスターリンは、この当時、ドイツやイタリアで台頭するファシズムへの対抗措置を講じなければならなかった。もう、ひところのように、ふんだんにコミンテルンが中共にお金を支給するというような経済的ゆとりをなくしていたのである。

そのために国民党と合作させ、国民党の禄《ろく》を食《は》み、国民党に養ってもらう中で中共軍が拡大していけばいいと計算していたことが、この事実からも明らかとなる。

張学良は、なんと罪深いことをしてしまったのだろう。

実は西安事件で蔣介石を拉致軟禁している間に後悔した張学良は、蔣介石が監禁を解除され飛行場に着くと、どうしても自分も同乗したいと申し出た。機内で暗殺でもしたらどうするのかと、最初にその件《くだり》を読むときはヒヤヒヤしたものだが、彼は腰を低くして蔣介石にお辞儀をし、自分の罪を認めたという。

しかしこの張学良のせいで、第二次国共合作は進み、コミンテルンの狙いである「日本軍と蔣介石を戦わせて共倒れさせ、共産革命を成功させる野心」は、着々と実現していく。西安事件で蔣介石が監禁される直前の1936年12月7日、毛沢東は早くも朱徳に代わって中央革命軍事委員会主席に正式に就任した。

そして1937年7月7日、北京の郊外で盧溝橋事件が起き、日中全面戦争に突入していく。中国では「7月7日」にちなんで、この事件を「七七事変」と称する。

日本軍支那駐屯軍第三大隊および歩兵砲隊は、前日6日から軍事演習を行なっていた。

北京市内にも異様なほど日本軍の戦車が押し寄せ、ただならぬ雰囲気が漂っていた。すると夜間演習中に「中国兵が実弾を発射した」と日本側は言う。中国側は「日本軍側の陰謀」と主張し、中には「コミンテルンの陰謀か」という者も現れた。いずれにしても、「日本軍が他国にいて、戦争が始まった」という事実が存在することだけは確かだ。

本書ではその原因あるいは「犯人」に関して深く追及することはしない。本書の目的ではないからだ。あくまでも盧溝橋事件によって日中が全面戦争に入り、その中で中共軍と国民党軍が、どのように抗日戦争のために戦ったのか、あるいは戦わなかったのか、ということのみに焦点を絞る。

盧溝橋事件の第一報が入ると、毛沢東は「災禍を引き起こすあの厄介者の蔣介石も、ついにこれで日本と正面衝突さ！」と言い、張聞天は「抗日戦争がついに始まったぞ！これで蔣介石には、われわれをやっつける余力がなくなっただろう！」と言って喜んだという。1938年4月4日まで延安にいた紅第四方面軍の軍事委員会主席・張国燾が『我的回憶（我が回想）』で詳細に記録している。毛沢東はさらに日本軍があまりに強いので、蔣介石がすぐに負けてしまうのではないかと心配し、そうなると日中戦争中に中共が強大化する時間的ゆとりがなくなると焦ったが、8月になると華北一帯で国民党軍が大々的に日本軍と交戦を始めたので安心して、これなら中共が壮大になる余地があると喜んだという。

１９３７年８月22日、中共中央は陝西省洛川《らくせん》県馮家《ひょうか》村で中共中央政治局拡大会議を開いた。これを「洛川会議」と称する。洛川会議では「中国共産党抗日十大綱領」なるものを決議発布している。その内容は「日本帝国主義を打倒せよ！」とか「抗日のために民族は団結せよ！」など、中華民族の情熱を強く掻き立てるものであった。

しかしこれはあくまでも人心を掌握するための宣伝文句であって、「日本軍との正面衝突を避けよ」という命令が出されていたことを、多くの元中共指導層が悪びれることもなく伝記に記している。たとえば新中国誕生後、国防部長を務めた徐向前《じょこうぜん》とか、軍人として功績があったが文革で獄死した賀龍《がりゅう》、中共中央軍事員会副主席を務めたことがある聶栄臻《じょうえいしん》などがさまざまな表現を使って、その趣旨のことをのちに書いている。

特に紅第四方面軍の軍事委員会主席だった張国燾は、『我が回想』の中で、毛沢東は洛川会議で「避実就虚（敵の力が集中したところを避け、手薄なところを攻撃する）」という言葉を用いて「日本軍との正面衝突を避けよ。われわれの主要な任務は八路軍の実力を拡大することである、敵の後方で中共が指導するゲリラ根拠地を創ることが肝要だ」と述べたことや、「愛国主義に惑わされてはならない」「前線に行って抗日の英雄になってはならない」など、具体的な毛沢東の言葉を記録している。

他の元中共指導層の回想録にも共通しているのは、ともかく「抗日戦争（日中戦争）の間は正面に出て日本軍と戦ったりせず、小さなゲリラ戦をやっては大きく宣伝し、いかに中共軍がすばらしいかを人民に浸透させる。それにより広範な人民を中共側に付け、抗日戦争の間は中共軍が強大化することを第一の目的とする。日本が敗退したら一気に国民党軍を打倒し新中国を誕生させるという、深い革命理念を持たなければならない」ということである。

そのために正面戦争（第一線）では国民党軍に戦わせ、国民党軍を弱らせてしまうのが肝心だとした。

これは完全に約束違反である。絶対にそういうことをしないというのが、国共合作のときの基本的な約束事であった。しかし毛沢東らは「中共掃討作戦」を蔣介石にやめさせただけで、これ以降は国民党を利用して拡大していくのである。

蔣介石は１９３７年に中共の要求に応じて毎月支払う軍費額を定めたが、国民党軍に編入した元中共軍の編制に関しては、しばらく経ってから決めると言い渡している。

この洛川会議の初日、蔣介石は元紅第一方面軍を「国民革命軍第八路軍」（のちに第十八集団軍）と定めたことが発表された。以後、「八路軍」と呼ばれるようになり、「新四軍」（南方8省にいた元紅軍）とともに、日本敗戦後の国共内戦後半期に「中国人民解放軍」と改称されていく。

そのほか「満州国」内には東北抗日連軍がいて、第一路軍、二路軍、三路軍などに分かれていたが、この系列はコミンテルン配下の金日成《キムイルソン》など、やがて現在の北朝鮮を形成する部隊を含んでおり複雑なので、ここでは取り上げない。

八路軍に対して、実は「絶対に極秘」として、文字化さえしなかった秘密命令が、洛川会議のすぐあとに出されている。その「極秘命令」を口頭で口外した者がいた。

その人の名は李法卿《りほうきょう》。八路軍（第十八集団軍）独立第一師楊成武部騎兵連共産支部書記という身分にあった八路軍の幹部だ。1940年になって八路軍から逃げ出した後に語ったものだとされている。八路軍が陝北を出発しようとしたとき、毛沢東は八路軍の幹部を集めて、つぎのように指示したという。

中日の戦いは、我が党の発展にとって絶好の機会だ。われわれが決めた政策は「70

％は我が党の発展のために使い、20％は（国民党との）妥協のために使う。残りの10％だけを対日作戦のために使う」ということである。もし総部と連絡が取れなくなったような事態になっても、以下のことを守るように。この戦略は以下の三つの段階に分けることができる。

その一：（国民党との）妥協段階。この段階においては自己犠牲を以て表面上は、あたかも国民政府に服従しているようなふりをする。三民主義を唱えているようにふるまうが、しかし実際上は我が党の生存発展を覆い隠すためだ。

その二：競争段階。2、3年の時間を使って、我が党の政治と武力の基礎を築き、国民政府に対抗でき、かつ国民政府を破壊できる段階に達するまで、この戦いを継続すること。同時に、国民党軍の黄河以北の勢力を消滅させよ！

その三：進撃段階。この段階に至ると、華中地区に深く入り込み根拠地を創って、中央軍（国民党軍）の各地区における交通手段を切断し、彼らが孤立して互いに連携できないように持って行く。これは我が党の反撃の力が十分に熟成するまで行ない続ける。そののち最後に国民党の手中から指導的地位を奪うのである。

なんと戦略的で、なんと蔣介石を欺いた決定だろう。

この情報は１９７７年に梅良眉氏が著した『対日抗戦期間中共統戦策略之研究（対日抗戦期間における中国共産党の統一戦線戦略の研究）』（正中文庫）の第三章第四節「毛沢東が八路軍に出した秘密指示」（41頁〜42頁）に書いてある。

ただ、この情報には引用文献があり、そこには、

● 『勦匪戦史』第十一冊、１０３５頁（勦匪《しょうひ》は一般に剿匪《しょうひ》と書く。中共掃討の意味。蔣介石側から見れば中共は政府への反逆者なので匪賊と称していた。共匪とも）

● 『中共党的策略路線（中国共産党の策略路線）』、張浩之講演原稿付録

とある。

いかなる情報であれ、もともとはどこから来た情報なのか、その一次資料に当たる。孫引きなどはできない。それが筆者の基本姿勢だ。孫引きをせず必ず原典に当たり、二次資料しか得られないときは参考にした資料を明記した上で書く。だから、なんとしても、この原典を探し出したい。

ところが日本にいたのでは、どうしてもこの文献を入手できないことがわかった。そもそもこの文献には著者名も出版社名もない。さんざん捜した挙句、唯一、台北の国家

図書館に同一書名の本があることを突きとめた。台北の国家図書館なら、スタンフォード大学フーバー研究所の図書館同様、何度も通いつめたお馴染みの図書館である。筆者は再び台北に飛び、日本にいるときに連絡してあった担当者のところに駆けつけた。国家図書館に関しては、何度出入館してもいい通行証を持っている。

あった！

『勦匪戦史』と『中共党的策略路線』を手にしたときには、まるで遠い異国の宝島で宝物を見つけたようなときめきを覚えた。

ページをめくるのももどかしく、まずは著者名を見る。すると『中共党的策略路線』の著者というか編集者は、「司法行政部調査局」であった。つまり中華民国の行政部の編纂による。出版されたのは中華民国四十五年、すなわち１９５６年だ。ここには毛沢東が国共合作後に実行した戦略や内部指令が、ことこまかに書かれている。

あの時代、互いに裏切り、寝返り、欺き、スパイなどという言葉では表現しきれないほどの諜報活動が国共両軍ともに渾然一体となって展開されていた。中共内部の極秘資料を入手することなど簡単なことだっただろう。特に国共合作をしていたのだから、互いに相手の戦略を把握していなければならない。

李法卿の証言に関しては、その本の68頁に付録として、講演の形で書いてある。ただし「独立十八集団軍某部共産党支部書記×××君」と匿名にしてある。その上で「×××君の談話」という形で李法卿の証言が詳細に書いてある。思うに、1956年の時点では李法卿がまだ存命中で、実名が分かると、暗殺とか何らかの危害を加えられる危険性があったとか、その子女あるいは親戚に実害が加わるのを恐れたためであると推測される。それは筆者自身がこれまで取ってきた方法でもあるので、よく理解できる。

その後、1970年代半ばには、おそらく逝去された。だから危害が加わる恐れはないということと、梅良眉氏自身、年齢的限界もあるので、生きている内に真実を残したいと思って、実名を用いてあらためて証言を書いたということではないのだろうか。

自分に残り時間がないから生きている内に何とか真実を書き残そうという気持も、筆者が共有するものなので、それも実感として理解できる。

そして、この記録には参考文献がなかった。

つまり、これこそが第一次資料だったのである。ついに探し当てた。

つぎに『勦匪戦史』を見てみた。

著者は蔣中正、すなわち蔣介石自身だった。国防部史政局による編纂で中華民国51年、すなわち1962年に書いている。その1035頁には、「民国26年（1937年）秋、朱徳が第十八集団軍（八路軍）を引率して陝北を出発するとき、毛匪沢東（毛沢東のこと。蔣介石は毛沢東のことを言うとき、基本的に毛のあとに匪賊の匪の文字を付けている）はその傘下にある幹部たちを集めて指示を出した」となっている。朱徳が引率していたと、かなり具体的だ。そのとき集めた情報から、朱徳だったことが特定できるようになったのだろう。

『勦匪戦史』の1040頁を見ると、胸が痛む。

蔣介石は元紅軍の三個軍六師団および五個補充団に対して、国軍（国民党軍）と同じ待遇の軍費を支給していたが、その軍費は抗日戦争には使わず、ほとんどが民衆を共産主義思想に洗脳するための宣伝費に使われていて、たとえば重慶の『新華日報』、各地の『生活書店』『解放週刊』あるいは延安の『抗日大学』や『陝北公学』などのイデオロギー宣伝のための雑誌発行などに使われていたと書いてある。おまけにたとえば山西省からは金五十余万両、白銀千三百余万両、銀円二千余万円、総計、銀円に換算して一億円以上を奪っていったというのである。それらは、毛沢東が言うところの第三段階に入って国共内戦となったときに、武器購入などのために使う予定であったのだろうと思われる。

八路軍は主として小さなゲリラ戦だけをときどき戦い、それを八路軍の奮戦と戦勝として針小棒大に宣伝し、人民の心を八路軍側に引き寄せるようにせよという指示を出していた。同時に絶対に第一線の大きな戦いに挑んではならないとも言い渡してあった。なぜなら、もし日本軍に八路軍が強いとわかると、日本軍は八路軍をやっつけに来る。だから第一線で大きな戦いはしてはならないと、厳重に禁止していたのだ。

にもかかわらず、戦場の武将たちは戦果をあげたいと血気にはやる。

たとえば百団大戦。これは彭徳懐《ほうとくかい》・八路軍副総指揮官が百個の団を組織して1940年8月に日本軍と真正面から戦った戦いで、日本軍の補給網に多大な損害を与え、大きな戦果を挙げた。最初は二十団ほどで戦おうとしたのだが、他の八路軍の戦意が高く、誰も黙ってみているわけにはいかなくなって、われもわれもと参戦し始め、気がつけば百団に膨れ上がっていたのだという。八路軍は事実、戦えば勇猛果敢だった。だから戦いたい。しかし毛沢東が第一線で戦うことを許さなかったのである。それでも戦い出せば、もう負けるわけにはいかない。のちに日本軍の対支派遣軍総司令官となる岡村寧次大将も、八路軍の強さに度肝を抜き、彭徳懐を高く評価している。

ところが毛沢東は彭徳懐を激しく非難し、「あれほど目立つ戦をしてはダメだと言ったはずだ」と叱責した。彭徳懐は新中国誕生後、1959年の廬山会議で粛清され、のちに獄死している。粛清のきっかけは1958年から毛沢東が始めた大躍進政策（農工業の大増産政策）を批判したためとされているが、毛沢東の恨みは、何十年もため込んでおいてから、残忍な形で晴らされるのである。

大きな戦いとしては百団大戦以外にも平型関の戦いなどがあるが、八路軍が実際に抗日戦争に参加したのは、主として後方ゲリラ戦であって、それ以外は、「宣伝」によって一般人民や国民党兵士などを洗脳しただけだった。第一線で戦ったのは国民党軍で、予定通り、国民党軍を弱体化させて、その間に共産党は拡大していったのである。

毛沢東は「南京大虐殺」をどう見ていたのか？

1937年12月13日にいわゆる「南京大虐殺」（日本では南京事件。「南京大虐殺」は中国語では「南京大屠殺」というが、その日本語訳が「南京大虐殺」。本書第二章63頁で書いた1927年3月に起きた「南京事件」と区別するため、これ以降は中国での呼称に相当する「南京大虐殺」を用いる。）が起きたとき、毛沢東は何を考えたのだろうか？

エピソード的になるが、毛沢東理解につながると思うので、ここでは新中国誕生後の動きに関しても触れておきたい。

ちまたでは、「国民党軍を弱体化させることができるので、毛沢東は祝杯を挙げた」というものまであるが、そこまでいかなかったとしても、少なくとも毛沢東は新中国が誕生した後、そして彼が生きていた間、ほぼひとことも「南京大虐殺」に関して触れたことがない。教科書でもほとんど教えたことがないし、何か人民に向けたスピーチなどで取り上げたこともない。

『毛沢東年譜』を見ても、１９３７年12月13日の欄には、ただひとこと「南京失陥」（南京陥落）という4文字があるだけだ。その前後は1頁を割いて12月9日から12月14日まで開催していた中共中央政治局拡大会議のことが書いてあり、13日に4文字あったあと、14日からはまた雑務がたくさん書いてある。「南京大虐殺」に関しては触れていない。

この『毛沢東年譜』は中共中央文献研究室が編纂したもので、１８９３年～１９４９

年が上・中・下3巻あり、1949年から1976年までが6巻ある。毛沢東に関する日々のできごとが書いてある。各冊およそ650頁〜700頁ほどあり合計9冊となるので、合計では約6000頁の年譜だ。1頁の文字数が729文字なので、全体では440万文字を超える。このような膨大な資料の中で、「南京大虐殺」に関してはわずか「南京失陥」という4文字以外は、何ひとつ書いてないのである。

なぜか——?

なぜなら、そのとき最前線で勇猛に戦っていたのは蔣介石が率いる国民政府軍で、毛沢東の主力軍は日本軍とは縁もゆかりもない遥か山奥の延安に潜んでいたからだろう。蔣介石の後方で大衆動員に励み、大衆を「赤化」させることに主力を注いでいた。

この事実が明るみに出ることを恐れたからだとしか考えられない。

毛沢東時代、中国大陸で生きてきた者なら誰でも知っている。人民はみな「抗日戦争を戦ったのは勇猛な八路軍や新四軍で、国民党軍は山に逃げ、特に蔣介石は日本敗戦後、初めて山（四川峨嵋山）から降りてきて、国共内戦を始めた」と教えられてきた。蔣介石は中国語で「ジャン・ジェー・スー」と読むが、その音に合わせて蔣介石を「蔣該死」（ジャン・ガイ・スー）（蔣介石は死ぬべきだ、という意味）と書き換え、骨の髄まで徹底して洗脳されたものである。

いまごろになって、中国大陸のネット空間には、「なぜ毛沢東は南京大虐殺を教えたがらなかったのだろうか？」とか「なぜ毛沢東は南京大虐殺を隠したがったのだろうか？」といった項目が数多く出てくるようになった。たとえば大陸の百度（baidu）で検索した場合、「毛沢東　南京大虐殺」と入れると、日によって異なるが200万項目ほどヒットする。そのほとんどは、この疑問への投げかけだ。それらが削除されないでいることに驚く。

中にはきちんと中国建国以来、いつまで南京大虐殺を隠し続けたかを調べた人もいる。この種の記事は多いが、信じていただくために一つだけ具体例を挙げよう。

2014年12月31日付の西陸網（中国軍事第一ポータルサイト）で「毛泽东时代为何不提南京大屠杀——真相让人害怕（毛沢東時代はなぜ南京大虐殺に触れなかったのか——恐るべき真相）」というタイトルで陳中禹という人がブログを書いている。

彼は1958年版の『中学歴史教師指導要領』の中の「中学歴史大事年表」の1937年の欄には、ただ単に「日本軍が南京を占領し、国民政府が重慶に遷都した」とあるのみで、一文字たりとも「南京大虐殺」の文字はないと書いている。その一方で192

7年の欄には大きく「四一二大虐殺」とある（4月12日に蔣介石が共産党員やそのシンパの労働者を鎮圧した事件で、死者は120人、負傷者は180人）。陳中禹氏は、わずか400人前後の犠牲者には大虐殺と書き、なぜ南京大虐殺は伏せたのかと疑問を呈している。彼が調べたところによれば、この状況は1975年版の教科書『新編中国史』の「歴史年表」まで続くという。

ちなみに、毛沢東が逝去したのは1976年。陳氏によれば、1979年になって、ようやく中学の歴史教科書に「南京大虐殺」という文字が初めて出てくるとのことだ。

他の情報によれば「1957年の中学教科書にはあったが、60年版では削除されていた」とのこと。実際、確認してみたが、たしかにその時期、南京大虐殺を書いた教科書が江蘇人民出版社から出たことがある。しかし、その後消えてしまっている。

また香港の「新聞評報」というウェブサイトでHerzog（ハンドルネーム？）という人が2012年3月1日に書いた「为什么毛泽东时代很少谈论〝南京大屠杀〟（なぜ毛沢東時代は少ししか〝南京大虐殺〟に触れなかったのか）」というタイトルで書いたブログが、大陸のネット空間で数多く転載されている。もちろんHerzogさんのブログ自身も大陸のネット空間にあり、いずれも削除されていない（少なくとも2015年8月段階では)。
Herzogさんは1946年から2012年2月22日までの間に「南京大虐殺」という言葉が中国共産党機関紙「人民日報」に何回出現したか、その回数を数えて紹介している。それによれば、
1946年〜1960年5月：21回
1960年5月〜1982年6月：0回
1982年6月〜現在：835回
とのこと。
2014年4月14日に「老年生活報」というウェブサイトで王錦思氏が書いているところによれば、「人民日報が初めて南京大虐殺に関して書いたのは1951年4月8日だが、非常に断片的に描写しているだけで、すぐさま〝全国的に口をつぐんで語らない〟という現象が出現し、南京市の人さえ必ずしも知らないという情況になった」とのこと。それでも南京大学の高興祖という教員が1962年に『日本帝国主義在南京的大虐殺(日本帝国主義の南京における大虐殺)』という原稿を書いたが、ガリ版刷りしか許されず、1979年3月になってようやく印刷されたが、内部出版に留められたと、

王錦思氏は書いている。文革期には、「日本軍による南京大虐殺」などと言おうものなら、反革命の右派としてつるし上げられた例もあると、南都（南方都市報）が報じたことがあるという情報もある。

讃えていいのは、毛沢東が1950年に南京市雨花台《うかだい》に建てた「雨花台死難烈士陵」だけで、これは国民党軍が1927年から1949年までの間に殺戮した中国共産党員の墓碑である。20年間で10万人が犠牲になったという。1953年2月22日、毛沢東は新中国誕生後初めて南京を訪れた。その後二十数回も南京を訪問しているのだが、ただの一度も日本軍の「南京大虐殺」に触れたことはない。それよりも蔣介石の南京政府から天下を奪ったことを味わっているのか、中山陵（孫文の墓）に墓参し、そこにある「建国大綱」を何度も読んでいる。もう一つ強い関心を向けたのは太平天国（1851年～1864年）の遺跡だ。清王朝における反乱軍であった太平天国軍は南京を首都として王国を建設。南京入城に伴い百万人以上の大虐殺を断行している（全国では2000万人以上の犠牲者。一説には5000万人）。毛沢東の頭には太平天国の「南京大虐殺」が浮かんでいたのかもしれない。1956年に「南京太平天国歴史博物館」を建立させている。

ところで、200万項目ほどヒットする関連情報の中に、「1980年代に入ると日本の歴史教科書改竄《かいざん》（美化）問題があったため、中国の一般人民は初めて南京で日本人による大虐殺があったことを広く認識し始めた」というのが多い。それによれば人民日報が初めて「南京大虐殺」に関して詳細に解説したのは1982年8月で、その書き出しは「日本の文部省の歴史教科書改竄問題」から始まっているとのこと。そのため大陸の多くのネットユーザーは、「中国人民は日本の右翼に感謝しないとねぇ。なんたって、彼らがこうやって歴史歪曲を始めようとしなかったら、中国人民は永遠に南京大虐殺のことを知らないまま、生きていたのかもしれないんだから」と、皮肉を込めて書いている。

ちなみに、「南京大虐殺記念館（侵華日軍南京大屠殺遇難同胞紀念館）」は、日中戦争勝利40周年の1985年8月15日になって、ようやく建立された。このような記念日でも口実にしないと、毛沢東がそれまで無視してきた事実を大っぴらにして、その記念館まで建てるというのは、なんとも体裁《ていさい》がつかなかったのかもしれない。

中国側の資料には、日本が教科書の歴史改竄を行なったことがきっかけで、1982年に南京市に記念館を建てるための準備委員会が結成されたとあるが、なぜ蔣介石が決めた抗日戦争勝利記念日である9月3日ではなく、日本が終戦の日と決めている8月15日に竣工したのか？　それは、それまで抗日戦争記念日などを祝ったことがないので、勝利記念日がいつなのかを十分には理解していなかったからだろう。

その証拠に『毛沢東年譜』によれば、中国（中華人民共和国）が１９４９年10月１日に誕生すると、その年の12月23日に中央人民政府政務院（現在の国務院）が抗日戦争勝利記念日を8月15日にしようと決定した。しかし実際には何もしておらず、よくよく調べてみると、中華民国の蔣介石が9月3日にしていたことを知って、１９５１年の8月13日に、「9月3日」にすると、文書上で決めたような始末だ。もっとも毛沢東はそれも無視して、いかなる行事も行なわず、１９５１年と52年の9月2日に、ソ連のスターリンに祝電を送ることだけしかやっていない。中共は連合国側として戦っている中華民国の国民党軍を倒して誕生した国なのだから、抗日戦勝記念日は「連合国側」に「おめでとう！」という立場でしかない。実際、毛沢東は53年にスターリンが他界すると、それ以降は一切いかなることもしていない。そのため、「南京大虐殺記念館」の竣工日が8月15日になってしまったのだろう。

ことほどさように、毛沢東は日本軍が国民党軍をやっつけてくれたことを喜んでいた。

日本に抵抗するどころか、むしろ日本に対して感謝していた。その事実を隠したがっているのは、「毛沢東が亡くなった後の中共」なのである。それは次章以降で述べる毛沢東と日本軍との共謀を見ていただければ、十分に納得していただけるものと信じる。

なお、靖国神社参拝批判が80年代半ばから盛んになった背景にも、こういった毛沢東の「抗日戦争観」が関わっている。日本の少なからぬ論客が、靖国参拝に関する中国の激しい抗議に対して「中国は80年代半ばまでは抗議していなかったじゃないか」という趣旨の発言をしているが、それに対する回答を、論客たち自身が見出してないように思う。

その回答は、ここに書いた事実にある。これにより現在の中国がより鮮明に見えてくることを期待したい。

第四章　日本諜報機関「岩井公館」との共謀

中国共産党による真逆の歴史解釈

本論に入る前に、まず事象のあらすじと、中国でいま何が起きているのかに関する現状をお伝えしたい。この現状があってこそ初めて、筆者は思い切って本書を書く決意をしたので、概略を書くことをお許しいただきたい。これから書くことは、習近平政権がなぜここまで歴史認識カードを振りかざすかの原因究明にも、きっと役立つと信ずる。

日中全面戦争（１９３７年）が始まってからしばらくすると、毛沢東は中共のスパイを上海や香港に派遣し、日本の外務省系列の諜報機関「岩井公館」の岩井英一や、陸軍参謀の特務機関「梅機関」を設置した影佐禎昭中佐などと接触させた。中国側資料によれば、目的はすべて「抗日戦争」に勝利するためであり、日本から密かに情報を獲得し、中共軍（八路軍や新四軍）が日本軍と勇敢に戦うために役立てたとある。その結果、中共軍は日本を敗戦に追いやり、大勝利を収めたと結語するのが慣わしだ。

しかし事実は全く逆で、中共のスパイは、国共合作を通して得た蒋介石側の国民党軍の軍事情報を日本側に提供し、国民党軍が弱体化することを狙ったのである。「日本側から情報を取得した」のではなく「日本側に情報を提供した」証拠に、中共側スパイは日本側から多額の報酬をもらっている（報酬に関しては皮肉にも、きびしい検閲を受けたはずの90年代末の中共側資料に書いてある）。毛沢東は中共側スパイに影佐禎昭が樹立させた汪兆銘傀儡政権のスパイ機関「76号」とも接触させ、蒋介石を打倒するために共謀しようとしていた。その結果、日本陸軍の都甲大佐とも新四軍に関する不可侵交渉をした（これも90年代末の中国側資料にある）。

これらは毛沢東にとっての「南京大虐殺」と同じく、隠しておきたい事実だっただろう。ところが最近になり突如、中国共産党の最高権威を持つメディアである「中国共産党新聞網」（網：ウェブサイト。中国共産党機関紙「人民日報」と情報共有）などが、盛んに当時の事実を書き立てはじめたのである。

たとえば２０１３年５月15日には、「抗战期间、中共秘密接触日军冈村宁次总部真相

(抗日戦争期、中共が秘密裏に日本軍の岡村寧次総部と接触していたことに関する真相)」を特集している。日本ではあまり知られていない事実だ。

その記事の最初に出てくる「弁解」には、1989年5月に(中共検閲下の大陸の)群衆出版社から出版された『揚帆自述』の中に出てくる中共軍(新四軍)と日本陸軍の岡村寧次大将側との接触が取り上げられ、これは「和平協議ではなく、中共軍が日本軍と戦うために日本軍から情報を聞き出すための接触であった」と書いてあるのだ。

なぜ、そのようなことを今さら書きたてなければならないのか?

その背景には、中共がどうしても弁解しておかなければならない事情があった。

2013年に入ると、中国国外の中文ネットが、1947年7月24日付の『時事公報』の記事を発見し、その古びた新聞記事の写真をネットに貼り付けたのだ。そこには「毛沢東と岡村寧次の売国密約」という内容が書いてある。この新聞記事は、今では発信元がどこなのか分からなくなってしまったほど中文ネットが炎上し、ついに大陸の百度(baidu)にまで転載されるようになる。

思うに中国共産党新聞網は、この噂を否定するために、古い1989年の『揚帆自述』などを持ち出してきたのだろう。その本の中に岡本寧次側と中共スパイの一人であった揚帆との接触が出てくるからだ。

以来、中国大陸のネットではいま、膨大な数におよぶ「岩井公館」「岡村寧次」「影佐禎昭」あるいは「都甲大佐」などに関する情報がヒットするようになっている。日本のネット検索で検索しても、「都甲」に関してはひっかかりもせず、「都甲大佐」と入力して、ようやく一件ヒットするくらいである。出てくるのは中国語による情報ばかりだ。

そこで筆者は真相を突き止めるべく、その視点から日本側資料に当たってみた。するとそこには、宝物のような資料があるではないか――。

たとえば「岩井公館」に関しては、岩井英一自身の回顧録『回想の上海』に詳述されており、しかもその中に中共スパイの潘漢年や袁殊の話が詳細に書かれているのを発見した。その結果、こういった一連の事情に関して書くなら今しかないと決意して、本書の執筆に入ったのである。

なお、本書の執筆に着手していたとき、スタンフォード大学のフーバー研究所にいたアメリカ籍中国人の謝幼田氏（1985年に渡米し2005年に中国に帰国）が『中共壮大之謎　被掩蓋的中国抗日戦争真相（中共が強大になった謎　覆い隠された中国抗日戦争の真相）』（明鏡出版社、2002年）を出版していることを知った。その後、坂井臣之助氏が翻訳した『抗日戦争中、中国共産党は何をしていたか――覆い隠された歴史の真実』（草思社、2006年）という日本語の本さえ出版されているのを知るにいたる。この本には実に緻密な分析による真相が描かれており、「中華民族を裏切ったのは誰か」ということに対する中華民族としての義憤がにじみ出ている。尊敬に値すると同時に、筆者が書こうとしている事実は、中国知識人の目から見ても、客観的真実であることを裏付けてくれており、誠にありがたく、心強い限りだ。

ただ、どうしても中国側資料による限界があるのは否めない。以下、第四章～第六章においては、前記の事象を、日本側の本人たちによる述懐や日本側関係者の実録という視点を加えて検証する。

岩井英一と中共スパイ・袁殊

1899年、愛知県に生まれた岩井英一は中学を卒業すると愛知県費の派遣留学生として、上海にある東亜同文書院に入学した。1921年に同学院商務科を卒業後、外務省入りする。以来、汕頭、長沙、上海（2回）、成都、広東、マカオ、香港などの各在外公館に勤務するのだが、ここでは上海における岩井の行動に焦点を絞ろう。

情報は主として岩井英一が昭和58年（１９８３年）に出版した『回想の上海』に依拠するが、一方では中共側資料と照合させながら描く。なお、『回想の上海』の奥付には出版社名はなくて、「回想の上海」出版委員会（名古屋市）による「発行」とある。

１９３２年2月5日、上海総領事館の情報部に副領事として着任した岩井は、当時「激しい戦争の続く中で、国際関係の複雑な上海に一日も早く和平を回復するよう努力することが外務省出先の責務であり、そのためには迅速かつ正確に敵側の動向を知り、和平の機をとらえることが必要だ」と思ったと述懐している。

「満州事変」という形で大陸への侵攻を深めておきながら、その日本が一方では、「和平の機」を求めて行動するのは、なんとも奇妙な話だが、暴走する軍と政府の意向は一致しておらず、岩井が「和平工作」のために奔走していたのはたしかだ。そして、このことは非常に重要なポイントである。

岩井はその目的を果たすには、あまりに外務省の情報収集能力が貧弱であるとして、上海の外務省出先に情報機関を設置すべきだと考え、ときの井口首席領事に相談し、情報部設置案を起草し外務大臣に送ろうとした。ところが、これを知った重光公使が、

「これは公使館でやる」と言いだし、「公使館情報部」として認可されることとなった。

やがて二代目情報部長に河相達夫が着任し、河相は岩井に影佐禎昭を紹介する。影佐は1934年8月の異動で、駐支公使館付陸軍武官補佐官として上海に赴任してきた。「駐支」の「支」は「支那」の省略で、当時は中国のことを「支那」と称していた。「支那」の語源は中国を初めて統一した秦の始皇帝にちなんで、「シン」をギリシャ語・ラテン語でSinaeと書いたことが起源であるとされ、孫文自身も中国のことを「支那」という言葉で表現しているが、「満州事変」を「日支事変」と呼んだあたりから、一種の蔑称へと変わっていった。ここでは固有名詞なので、原文通り「駐支」とか「対支」といった表現を用いる。

河相は中国語の得意な岩井に中国人記者との会見（スポークスマン）を担当させたため、岩井は多くの中国人記者と接触を持つようになった。あるとき岩井は日中双方の記者20名ほどを集めて友好親善のための宴を催した。

その中にいたのが「新声通信社」の記者、袁学易《えんがくえき》である。又の名を袁殊《えんしゅ》――。

彼は、コミンテルン、中共、蔣介石国民党側……など、「五面相スパイ」として有名だ。この宴会には影佐も出席しており、袁殊は影佐と接触する機会も得ている。岩井と影佐の情報は中共側の新聞にも載り、この時点ですでに毛沢東らが目をつけるきっかけを作っている。

袁殊は1911年に湖北省で生まれ、1929年、18歳のときに日本に留学し早稲田大学で新聞学を学んだ。このころの多くの中国人がそうであったように、彼もまた日本で左翼的な思想に感化され、帰国後「左聯」という左翼文芸活動に従事する。1931年10月、潘漢年の紹介により中国共産党に入党。中共情報組織「中央特科」の一員となる。「特＝特務＝スパイ」のことである。

1933年、中共スパイとして国民党のスパイ組織「国民党中央組織部党務調査科」に潜入する。この組織は1927年にCC（Central Club、国民党スパイ）分子によって設立されたもので、1938年に蔣介石の二大スパイ組織の一つ「中国国民党中央執行委員会調査統計局（略称：中統）」となる。袁殊は初期の国民党スパイ組織の中で、中共のスパイ活動に従事する。そのときに「新声通信社」の記者となり、岩井と会うことになったわけだ。

中共側資料によれば、1935年（岩井は5月初旬に起きた親日新聞関係者暗殺事件の1カ月ほど後のことだっただろうかと書いているので6月か）、コミンテルンの一員が国民党に逮捕されたとき、持っていたノートに袁殊の名前があるのが見つかり、袁殊も国民党側に逮捕されてしまったとのこと。容疑はソ連のスパイ。つまりコミンテルンの仲間だということだ。

このとき岩井は、毎日緊密な連携を取っていた袁殊が、突然顔を見せなくなったので、どうしたのかと思っていたところ、袁殊の妻から岩井に電話があった。岩井の尽力により袁殊は即日釈放されたものだから、以来、袁殊は岩井に深い恩義を感ずるようになり、真の友情を結ぶようになる。岩井も袁殊の才能と人柄が気に入る。ソ連のスパイと関係があるということは中共と関係があるということだろうという推測が一瞬、岩井の頭をよぎるが、岩井はそのことをあまり気にしていない。その後、袁殊は岩井の援助でふたたび日本に留学し、1936年12月に起きた西安事件のあとに中国に帰国している。

一方岩井は1937年4月にいったん日本に帰国し、1938年2月、ふたたび上海に赴任した。その目的はまたもや「(軍が起こした）戦争の早期終結のため」で、日中関係再建のためであったというから、軍と政府のねじれ現象はますます大きくなっていることが分かる。岩井は戦争の早期終結のために上海領事館に特別調査班を新設し、蔣介石政府の内情や動向を的確に把握して「講和の機会」を一刻も早くつかまなければならないと決意する。

このときソ連スパイ、ゾルゲの仲間だった朝日新聞記者の尾崎秀実が近衛内閣のブレーンになっており、コミンテルンの命令に従って蔣介石と日本が共倒れすべく、日中戦争を長引かせるためか、1938年1月16日、近衛に「蔣介石を相手にせず」という言葉を吐かせたものだから、岩井の事業は困難を来していた。

岩井は上海再着任後、「抗日戦争に立ちあがった蔣介石は、いまや国民的英雄になっていた」のを発見し、近衛発言の不適切さを実感し、焦った。

戦争の早期終結を望むのなら、相手にすべきは蔣介石なのに、「蔣介石を相手にせず」という発言を近衛にさせるということは、なんとしても日中を戦わせておきたいソ連の陰謀以外のなにものでもない。それは毛沢東の期待とも一致している。その間に蔣介石が弱体化してくれれば、こんなにうれしいことはないだろう。

第三章の最後に述べた南京事件（中国では南京大虐殺）が起きる前に、蔣介石は日本軍が南京を攻略すると知って、中華民国の首都を南京から重慶に移していた。その南京に汪兆銘傀儡政権を樹立させようとしていた影佐が、岩井に「中国人による政党組織」結成を頼んできた。なぜなら時の平沼首相が汪兆銘政権樹立に当たって「蔣介石のような国民党独裁ではなく、汪の国民党を中核として、各党派各界、無党派人士をも糾合するように」と注文を出していたからである。そのため汪兆銘政権樹立に奔走した影佐は、中国人による政党組織結成を、中国における人脈が広い岩井に頼んだわけだ。

「共産党員でもかまわない」

折しも岩井は、上海にふたたび赴任するなり、袁殊からの連絡を受けていた。

岩井は袁殊に全面的な信頼を置き、袁殊に新党結成を依頼し、しかも任せるのである。その主たる条件として、「全面的和平を達成するために合作共栄共存の日中新関係を築くことを理念とする」「名前だけの党ではなく、真にこの理念を理解し奮闘する民衆、知識人を対象とし、前身の党派にはこだわらない」とした。このとき岩井は袁殊に「その前身が藍衣社、CC団、その他の政党関係者、官僚出身者、共産党転向者、はなはだしきに至っては、共産党員でもかまわない」と言っている。「共産党員でもかまわない」という言葉を、ここで頭に入れておきたい。つまり岩井の頭には、「共産党でもかまわないので、ともかく和議への道を求めたい」という気持しかなかったということだ。これが、「毛沢東が何をしたのか」ということを解くカギの一つになる。

ちなみに藍衣社というのは蔣介石直属の特務機関で、藍色の服を着たことから、この名前がついた。その名残りから、現在の台湾でも藍グループは国民党で、緑グループは台湾独立や本土化を唱える民進党を中心とした反国民党グループを指す。

こうして袁殊は新党結成に多くの地下共産党員を動員した。そのための工作経費は、すべて岩井の所属する日本の外務省側で負担している。陸軍の影佐が頼んできたことなので陸軍側が持てばいいようなものだが、岩井は経費に関して言いそびれてしまい、上司の河相情報部長にお願いして、外務省から捻出してもらっている。この経緯の詳細が『回想の上海』に書かれている。

中共側は近年になり、袁殊に関しても特集記事を組んでおり（2011年8月1日、中国共産党新聞網。「中共の地下党員が組織した日本特務機関〝岩井公館〟始末記」）、その中で「経費はすべて汪兆銘偽政府から出しており、結局は中国人民の血と汗による金だ」と書いているが、それはまったく違う。

実は新党結成運動にあたり袁殊は、（これから樹立をめざしている）汪兆銘政府が提唱する「和平、反共、建国」ではなく、「興亜建国運動」というスローガンを用いたい、と岩井に申し出てきている。

まだ南京の汪兆銘政府が正式に発足してはいなかったが、上海のジェスフィールド（通り）76号には汪兆銘派の特務機関が建てられており、通称「76号」として人々に怖れられていた。それを統括する人物で、汪兆銘政権のナンバー2となる周仏海は、袁殊の動きを非常に嫌った。周仏海は「岩井は共産党組織を作ろうとしている」として非難し始めたのである。というのも、周仏海らは別途、一般民衆の組織工作を進めていたため、袁殊の民衆動員とぶつかってしまったという事情も手伝っていた。

周仏海は、中国共産党第一回全国代表大会に日本留学者代表として参加している人物だ（50頁に書いてあることを思い出していただきたい）。いまや彼は国民党左派であった汪兆銘派に転向しているが、中国共産党員だっただけに、中共地下組織の動き方をよく知っている。岩井がこのような運動を起こし、それを汪兆銘政権の各党に参入させようとするのなら、汪兆銘政権は誕生させないと、周仏海は岩井を非難した。

しかし岩井は引き下がらなかった。わざわざ周仏海の家に行き「お前も中国共産党創立党員のひとりじゃなかったのか？」と詰め寄り、周仏海が黙ったので納得したのかと思い周仏海の家をあとにしたが、翌日、袁殊が76号に捕まってしまった。

岩井は「76号」に乗り込み、袁殊釈放を求めるが、そこにいる影佐の部下さえ言うことを聞かない。

実はこのとき、影佐は周仏海と日本政府の板挟みになっていた。周仏海は「新たな政党を作って汪兆銘政権に送ってくるつもりなら汪兆銘政権樹立の話はなかったものと思ってくれ」と影佐にも頑強に抗議していた。新党結成は影佐が岩井に頼んだもので、影佐としても今さら岩井に取りやめてくれ、とは言えない。しかし岩井も引かないので、一時、岩井暗殺の噂までが飛び交ったほどだという。

岩井は結局76号に「影佐の仕事をさせるので一時私が預かる」という嘘をついて袁殊の身柄を預かり、その場をとりつくろって袁殊をホテルの一室にかくまった。

このように汪兆銘政権と岩井とは、敵対とまでは言わないにせよ微妙な関係にあり、周仏海は非常に岩井の動きを警戒しているのである。その汪兆銘政権に岩井が活動資金を出してもらっていると書いている中国共産党新聞網の情報が、いかにスパイ問題に関して中共に都合の良いように事実を歪めているか、この一事からも分かるだろう。

最終的に岩井は影佐の頼みを聞き入れ、新党結成運動をあきらめた。その後この運動は、もっぱら「興亜建国運動」という、文化思想運動へと変身していく。

岩井はこの興亜建国運動の主幹に袁殊を当て、岩井公館を創建した。岩井は本来、「興亜建国運動本部」という看板で立ち上げるつもりだったが、看板を掲げるときになって袁殊が「場所が上海市の日本軍の警戒区域にあり陸戦隊本部に近いので、中国人の出入りが多いと日本軍側軍憲が何か疑うかもしれないので、〝岩井公館〟にしてはどうですか？」と提案してきたので、岩井は同意したとのことだ。これが「岩井公館」の名称の由来である。

岩井公館は特務機関ではなく、あくまでも蔣介石国民党側の情報を集めて和平工作を進めようということを主たる目的としていたと、岩井自身は書いている。しかし実際は特務機関ではないかと、当時、日本側さえ言っていたことを岩井は恨みに思っている。事実、岩井公館には外務省の特別調査班顧問と称する連中が常駐していた。その中には（戦後政財界の黒幕として知られた）児玉誉士夫《よしお》や岩井の親友であった朝日新聞社の千原楠蔵《くすぞう》などがおり、辻政信少佐との連携のもと「対重慶思想戦」の役割を担い、秘密裏に重慶情報を渉猟していたので、諜報的要素は否定できない。したがって本書では「諜報機関」と称することとする。

一方、現在の中国では「悪名高き特務機関」と位置づけている。そのように位置づけないと、「中共スパイが日本軍から中共の抗日戦争に有利になる情報を盗み取った」というストーリーが成立しないからであろう。岩井は軍の情報など持っておらず、のちに外務省本部の情報からも外されていたことを知り、憤りを込めて述懐している。岩井公館は情報を集める機関であって、軍事情報を持っている機関ではない。これは毛沢東の動きを読み解くうえで非常に重要なキーポイントだ。

そんな岩井に袁殊が、頼みごとがあると言ってきた。どうしても紹介したい人がいるので会ってくれという。

その人の名は潘漢年《はんかんねん》。中共の幹部だが、「胡越明」という匿名を使っているので、彼と会うときは胡越明と呼ぶようにしてくれという。何やらややこしいが、袁殊の頼みなので岩井は会うことを承諾した。それに袁殊によれば、この潘漢年、いや胡越明という人物は、中共では周恩来と並ぶほどの地位にあるという。岩井はそこに興味を持った。

袁殊はさらに、もう一人、「廖承志《りょうしょうし》」という中共の高級幹部を紹介したいとも言ったが、岩井は断わった。潘漢年というのが周恩来と並び称せられるような人物なら、それで十分だと思ったのだとのこと。

「岩井―潘漢年」の初対面に関して、次節で詳述する『潘漢年、情報の生涯』などの中共側資料は、「袁殊が奇妙なことをしてしまった」として、実につじつまの合わない経緯を延々と書きつらねている。その弁解があまりに不自然なので、こういうときは「ああ、何かを隠そうとしているな」と、ピンとこなければならない。

第二次国共合作は事実上破綻し国共両軍は争っているが、しかしそれでも重慶にある蔣介石国民政府の情報が得られるかもしれないと、岩井は少しだけ期待して会うことにしたと『回想の上海』にある。

毛沢東のスパイ・潘漢年、日本軍に停戦を申し入れ

江蘇省で生まれた潘漢年（1906年～1977年）は、もともと作家活動や雑誌の編集業務などに携わっていたのだが、1926年に左翼系作家たちに誘われ中国共産党に入党する。1928年に中共中央宣伝部文化工作委員会書記（その組織の共産党のトップ）に任ぜられ、1931年に中華ソビエット政府が誕生した後、中共中央情報組特科（スパイ科）第二科科長になる。

つまりコミンテルンのスパイになれという命令が来たわけだ。その特訓のために、1935年8月にモスクワに派遣され、「国民党の張学良を中共側に寝返らせろ」という指示を受ける。もちろんこれは延安にいる毛沢東の直接の指令でもある。1936年5月には帰国し、その年の夏になると、張学良の説得に当たる。こうしてめでたく西安事件が起き、潘漢年は延安の毛沢東のもとに戻った。

1937年9月、毛沢東は潘漢年を国内外のスパイが乱れ飛ぶ上海に派遣した。八路軍の駐上海弁公室の主任の仕事をしながら、徐々にスパイの業務に滑り込んでいくためである。1938年には一時的に延安に戻り中共中央社会部で仕事をするのだが、1939年5月、目の治療を兼ねて香港に行き、そのときすでに「汪兆銘政権の76号にいる李士群と接触せよ」と、毛沢東から命令を受けている。その年の秋、香港におけるスパイ基地を中心にして上海に行き、日本側と接触してスパイ活動を行なうように命令を受けるのだが、このあたりから中共側資料と日本側資料の内容に大きな相違が出てくる。

中共側資料は、複雑な経緯で作成されている。

新中国が誕生したあとの1955年、それまで命がけで敵の懐に入り込んでいった潘漢年は、口封じのために毛沢東により逮捕投獄され獄死した。表面上の理由は、潘漢年が汪兆銘に会ったことを毛沢東に報告しなかったということになっているが、実際上は自分（毛沢東）が日本軍と共謀したことを知っているすべての中共スパイの口を永遠に封じてしまおうという魂胆以外は考えられない。その証拠に、毛沢東の指示により動いた当時のすべての中共側スパイを、潘漢年逮捕の前後に毛沢東はことごとく逮捕投獄してしまっているからである。ある者は悲観して自殺し、ある者は獄死している。

潘漢年は毛沢東の死後しばらく経った1982年に名誉回復されたが、それはすでに獄死した5年後のことであった。くり返しになるが、そのため、昔の仲間たちが潘漢年の無念を晴らそうとして、『潘漢年傳』や『潘漢年、情報の生涯』などを出版した。ただし、中共の監察の下で出版されたため、潘漢年の名誉がさらに傷ついたりしないように中共的視点（中共の監視下で許される範囲内）で書かれている。

それらは基本的に、「中共スパイは勇敢にも敵の懐に飛び込み、日本側から情報を取得し、その情報により八路軍は効果的に抗日戦争を戦い、中国を勝利に導いた。その間、国民党軍は日本と共謀し少しも戦おうとしなかった」といった筋立てのものである。また「中共の情報はいっさい日本側に渡していない」などとなっている。

せっかく潘漢年の名誉回復のために書かれた本なのに、その内容を否定するのは非常に心苦しいが、毛沢東が潘漢年らをスパイとして派遣したのは、あくまでも中共軍が日本軍と共謀して蔣介石国民党軍に打撃を与えるためであることは、潘漢年に好感を抱いた岩井英一の回想録に他愛もなく正直に書かれており、また中共側の資料自身が「図らずも」物語っているのである。

さらに本書第六章の最後に詳述するが、毛沢東と覇権を争った王明は、「毛沢東が反蔣介石を徹底するあまり、帝国主義である日本軍と共謀しようとしていること」に対して猛烈に反対し、激しい口論を行なっている現場を生々しく描いている（王明の自叙伝『中共50年』より）。

まず、岩井の回顧録から見てみよう。

袁殊に潘漢年を紹介された岩井は、最初に会った潘漢年の印象を「たいへん穏やかな知識人であり、一面、洗練された都会人といった感じだった」と、好感をもって書いている。

潘漢年は非常に積極的に岩井と会いたがり、二度目からの会見場所は「すべて潘の方から指定してきた」とある。おまけに潘漢年が必要とするときはすぐ会えるように、わざわざもう一人、連絡役のための人物（田中信隆）を指定している。よほど、潘漢年が積極的だったのだろう。

ところが、潘漢年に関して中共の監視の下で出版された複数の本は、「袁殊のミスから岩井に会うことになった潘漢年は、一回だけ岩井の要望に応じて（あたかも、やむなく）岩井と日本料理店で会ったが、すぐに香港の中共拠点に戻った」と書いてある。

これは事実に反する。岩井は一回目の面談以降、潘漢年から「会いたい」という申し出があまりに頻繁だったために、わざわざ専門の対応者を決めただけでなく、潘漢年が指定してきた店を、次のように描いている（原文のママ）。

会見場所に使われたのは多くの場合、昔のバンド（筆者注：中国名「外灘《ワイタン》」）から南京路へ入って百米位先きの左側に在った外人経営のチョコレート・ショップを利用した。（中略）潘は上海に近い江蘇省宜興県の出身だけあって上海事情にも通じていたせいか、こうした外人経営の店を安全地帯として利用していたようで、西安事件前張学良が上海で彼と会った場所も確か上海西郊のレストランだったと伝えられているが、こうした洋風の場所を好んで使用していたのは、単に身辺の安全というため許りでなく、彼のようなインテリ好みの場所でもあったからであろう。

このように、実にことこまかに記している。しかも潘に対する岩井の目は、いつも好意的で、潘を高く評価していることが文章の片鱗からうかがえる。

このことからも、決して「袁殊のミスから岩井と会う羽目になってしまった」のではなく、あくまでも潘漢年の方から会いたいと袁殊を通して申し出てきたことが理解できる。それをごまかさなければならないのは、そこに毛沢東の「日本軍との共謀」という意図が隠されていたからだろう。中共監視下で出版された本に、その事実を書くわけにはいかなかった苦しさが、逆ににじみ出ている。袁殊がやや悪者にされてしまっているのは気の毒だ。それができたのは、潘漢年に関する本が出版されたとき、袁殊はもうこの世にいなかったからだろう。

中共側のすべての資料には、「もちろん潘漢年らが当時の中共側情報を日本側に渡したことはない」と明記してあり、謝幼田氏の本にも「それだけはしない」と書いてある。

しかし、これも事実に反していることを、岩井は『回想の上海』に明確に記している。

ある日、岩井は「普通の情報提供者から情報を書面報告させる方式で、軽い気持ちで、彼に中共の内情や今後の動向に関する報告書の作成をお願いした」とのこと。岩井は断わられるものと思っていたが、潘漢年はあっさり引き受けてくれて、後日、長文の報告書を受け取った。

ここに何が書いてあったのか、筆者は外務省や防衛省など、内部文書がありそうなところを必死になって当たったが、残念ながら入手することはできなかった。岩井は終戦まで中国にいたのだが、終戦1年前の1944年には広東大使館に飛ばされているので、岩井公館に置いてきた書類は日本には戻らなかったものと思う。事実袁殊は、日本敗戦後、「元岩井公館にあったすべての財産や資料を中共側に贈呈した」と述べている。

また岩井は回想録の中で、岩井公館が情報収集のために使った経費は主として外務省の機密費で、『回想の上海』執筆時点で、三十数億円にも達する巨費だったのに、日本国内では「これが大金を使って工作している岩井の情報か」と批判されていたことを後に知ったと、憤りをもって正直に書いている。別のページには、外務省で機密費を最も多く使ったのは岩井だと批判され、キャリア組が横につながり岩井の追い落としを裏でしていたことを戦後まで恨んでいたとある。

ということは、もし日本国内（外務省）に送られていたとしても、その情報価値を認めてもらえず、捨てられていたのかもしれない。だとすれば残念だが、少なくとも岩井が潘漢年を「情報提供者」と位置付けていることと、潘漢年が中共の（一定程度のとは思うが）内部情報をも「長い報告書」として日本側に提供していたことが、この記述から明白である。

もっと衝撃的なのは、潘漢年が、日本軍と中共軍（八路軍と新四軍）との間で不可侵協議というか、停戦を申し入れたいと言ってきたことだ。まさに、筆者が欲しかったのは、この情報である。『回想の上海』１６５頁から、そのまま引用させていただく。

ある日、袁殊主幹を通じ潘漢年から華北での日本軍と中共軍との停戦について話合がしたいが日本側に連絡して欲しいとの要請があった。私は軍事のことは何もわからないが、華北での日本、中共両軍といっても、戦線は極度に入りくみ錯綜している筈だし、停戦の線引きその他技術的な問題だけでも困難が多く、実現は至難だろうと思ったが、常時、人から物ごとを頼まれた場合、どんなに難しいとわかっていても頭から駄目だと断らず、出来るだけのことをしてやるのが私の流儀だったので、この潘からの要請についても、差当り影佐少将に頼んでみよう、そして事の能否は影佐の判断に任せようと考え、影佐に連絡の上、袁殊の案内で南京の最高軍事顧問公館に影佐を訪ねさせた。結果は案の定何の結果もなかったようだ。尚その際、潘は影佐の口利きで汪兆銘主席にも会っている。汪主席との間でも恐らく汪政府和平部隊との停戦の話が出ただろうが、これまた何等実りある結果はなかったようだ。

それにしても、さきにも書いたように、上海で密かに張学良と会ったり、蔣介石を抗日民族統一戦線に引張り込むために敵地南京に乗込み陳果夫に会ったり、また現在戦争の相手方である日本側の懐ろにとび込むために興建運動の袁殊、陳孚木を通じ、この私に接近したり、更にまた華北における停戦話合いと称し、ついに現地日本軍の枢要の地位にある影佐に会い、更に新政府最高の汪主席にまで会う、その八面六臂の活躍ぶりには、あの物静かだった潘のどこにこのような勇気がひそんでいたのかと感心させられた。

もういかなる説明も要らないだろう。

これにより毛沢東の真の狙いが明確になったものと確信する。

岩井は外務省の人間で、しかもノンキャリ。軍事のことなど、まったく知らない。彼は中国と和平工作をしようとして、蔣介石国民党軍側の情報がほしかっただけなのである。中共は、潘漢年の行動の目的は、その岩井公館に近づいて「日本軍のつぎの軍事計画情報などを獲得し、それを利用して日本軍を敗退に追い込み、中共軍の戦勝を導くため」としている。

そもそも日本側が日本軍に不利となる情報を渡したりするはずもないし、おまけにつぎに述べるように、中共側は巨額の情報提供料を岩井からもらっているのである。どこからどう考えても、日本軍の軍事情報の取得など、まったくあり得ない話だ。

中共側資料では、「岩井は和平工作の関係から影佐を潘に紹介した」としており、また潘漢年に関する一連の本は、「影佐とは六三公園で一度会っただけで、世間話などしただけだった」と書いている。

これも事実に反する。潘漢年が影佐に最初に会ったのは最高軍事顧問公館で、その後、何度も六三公園で会っている。六三公園というのは1890年代に日本人の白石六三郎という人物が広大な土地を購入して建設したもので、料亭だけでなく娯楽センターなどの社交場がある高級クラブのようなものだ。

また中共側資料では、「汪兆銘とは、李士群の策略に引っかかってしまい、偶然、会うことになった」としている。潘漢年は汪兆銘と会った事実を毛沢東に報告しそびれたことを理由に逮捕投獄され獄死しているのだ。したがって、どのようにして汪兆銘と会うことになったかに関しては、「最大限の工夫」を施して描いたのだろう。

名誉回復をさせてあげたい潘漢年とその仲間たちには心苦しい限りだが、真相はちがう。しかし、真実を書くことにより、決して潘漢年の名誉は毀損されないと筆者は固く信じる。彼は毛沢東の指示通りに動いただけであることは明白なのだから。ただ中国では、毛沢東が日本軍と共謀したなどという「恐ろしい事実」を認める勇気はないというだけのことなのである。しかし謝幼田氏の著書にもあるように、このことはすでに覆い隠せなくなっているのではないだろうか。

人類を永遠に欺き続けることはできない。中国人民も、真実を見る勇気を持ちえると信じたい。

証拠はまだまだ続く。

情報提供料はいくらだったのか

先にも述べたとおり（時間的に少しさかのぼるが）、潘漢年が香港に来たのは1939年5月。目の治療のためである。このとき「香港に行って、とりあえず目の治療をしてはどうか？」と切り出したのは康生である。

康生はもともと毛沢東の宿敵とも言えるコミンテルン代表の王明にピッタリくっついて偉そうにしていた人間である。1933年に王明を団長、康生を副団長としてモスクワに行き、ベリヤというスパイの大御所から直接スパイ訓練を受ける。ベリヤは「スターリン大粛清の死刑執行人」という別名があるほど、悪辣の限りを尽くして政敵を殺しまくった。

中国に帰国した康生は、王明が高く評価されていた間は王明に追随し、王明が失脚して毛沢東が実権を握ると見るや、すぐさま王明を激しく攻撃し始め、毛沢東を喜ばせた。延安では、小学校教師だった時の教え子でもあった江青を毛沢東に紹介して二人を近づけ、毛沢東の歓心を買う。そのとき毛沢東には賀子珍《がしちん》という妻がいたが、毛沢東は上海で「藍蘋《ランピン》」（ブルー・アップル）という芸名で売れていた江青に惹かれていく。延安の革命的風土とは異質の、都会的センスに溢れていた江青は、一服の清涼剤として毛沢東にとっては魅力的だったにちがいない。

賀子珍は井岡山で殺した袁文才の仲間、賀敏学の妹で、賀子珍と結婚したときは毛沢東には別の妻がいた。恩師、楊昌済の娘・楊開慧《ようかいけい》で、子供が3人もいた。しかし「もうだいぶ会ってもいないし」ということを理由に賀子珍と結婚してしまう。楊開慧は1930年に国民党軍に捕まり「毛沢東と離婚し、毛沢東に対する非難声明を出せば助けてやる」といわれたが、それを拒否して銃殺された。そんな妻がまだいたのに1928年に賀子珍と結婚している。

今度はその賀子珍を捨てて江青と結婚しようとする毛沢東に、周恩来ら周りの者は反対した。江青は上海で「藍蘋」ではなく、「爛蘋《ランピン》」（腐乱したリンゴ）と言い換えられるほど、不倫や離婚を繰り返しスキャンダルにまみれていた女でもあった。妻がいることと江青の淫らな過去を理由として全員が反対する中、康生は結婚に賛成した。このとき正妻・賀子珍はモスクワに留学していたので、康生にはコントロールが可能だったのである。そのため毛沢東は康生を重用し、彼のベリヤ流粛清を好んで用いるようになる。

なお、この前後の「毛沢東、康生、江青および習近平の父親・習仲勛と、現在チャイナ・セブンのひとりである兪正声の父親（江青の元恋人）」らの人間相関図に関しては『チャイナ・セブン――〈紅い皇帝〉習近平』に詳述した。

中共中央情報部部長として毛沢東の右腕であった康生は、潘漢年に香港に行って目の治療をする「ついでに」、香港に中共の革命根拠地を築き、そこでスパイ活動に専念するように囁くのだった。もちろん、毛沢東の指示である。この時点ですでに、「やがて正式に樹立されるであろう汪兆銘政権を支えるスパイ組織（76号）にいる李士群に接触し、日中和平を主張する汪兆銘政権を分裂させ、抗日戦争を長引かせろ」という指令を潘漢年は受けている。日中戦争がすぐに終わってしまうと、その間に中共が強大になっていくことができないので、日中戦争は長引けば長引くほど、中共にとっては有利になるのである。

これが毛沢東の大戦略だ。のちに述べる政敵・王明と対立した最も大きな論点でもあった。しかし毛沢東は康生と組んで病気で倒れた王明に緩慢な効果を示す毒薬を仕込み、心身ともに王明を弱体化させ、日本軍との共謀戦略を実行していくのである。

香港のスパイ根拠地には、すでに廖承志が主任として派遣されていて、香港の皇后大道18号にある「粤華公司」という茶葉店を隠れ蓑として、八路軍香港弁事処を設置していた。

新中国誕生後、すべてのスパイが逮捕投獄されているのに対し、ただ一人だけ投獄されなかったのが廖承志である。なぜなら彼は日本で生まれ育ち、一度中国に帰国するも、また日本に戻ってきて早稲田大学で勉学しているので、日本語がペラペラだったからだ。威勢のいい江戸っ子のような日本語をあやつり、日本語能力において彼の右に出る者はいなかった。そのため毛沢東は廖承志を「利用できる人物」として生かしておいた。新中国誕生後に元日本軍を招聘したり、高碕達之助とLT貿易を進めさせたりする際に、廖承志をフルに活用するのだから、毛沢東の先見の明たるや驚嘆に値する。「はじめに」にも書いたが、LT貿易とは廖承志の頭文字の「L」と高碕達之助の頭文字の「T」を取って「LT」と表記したものである。

毛沢東が廖承志だけを生かしておいた理由は、ほかにもある。

廖承志は潘漢年らのように、日本軍や汪兆銘政権の懐の中に直接飛びこんでいってはいない。香港のスパイ根拠地で国共合作をいいことに、中共がその勢力を拡大するため、物資や経費の調達をする役割をしていた。そのため、「実情」を潘漢年たちのような実働部隊ほどは生々しくは知らない。

しかも廖承志は多くの中共スパイを岩井公館に送り込み、事実上、岩井公館を乗っ取っていた。詳細に関しては次章で述べるが、この事実は、むしろ堂々と中共党史に残していい功績だ。だから廖承志を生かしておくのは、毛沢東にとって有利な側面があるのだった。

一方、『潘漢年、情報の生涯』（110頁）によれば、岩井と会ったあと香港に戻った潘漢年は、岩井公館を利用して香港のスパイ拠点を拡大させ、半月に一回の割合で岩井に情報提供する代わりに、毎月2000元港幣（＝香港元）の情報提供料を潘漢年に支払うよう求めている。また定期刊行物を出すので、その立ち上げ経費として1万香港元を支払うよう、岩井に要求した。

この2000香港元を当時の一般労働者の収入と比較すると、華人警察官の5年分の給料に相当するようだ（『20世紀早期香港華人的職業構成及生活状況』（20世紀早期における香港華人の職業構成と生活状況）の211頁に基づけば、1939年における香港の華人警察官の年給は396香港元だった）。

潘漢年はこの請求金額を袁殊を通して岩井に要求するよう指示している。岩井は即断で承諾し、資料や情報提供料などの連携先を香港領事館の小泉清一に依頼したとある。岩井の回想録には、経費に関する記述はない。おそらくすべて、あまり正常ではない外務省機密費から捻出しているので、公開したくなかったのだろう。戦時中、外務省機密費の中で最も巨額を使ったのは岩井であると、岩井自身が書いている。

しかし月に一回、華人警察官5年分の給料に相当する情報提供料をもらっていれば、1年間で60年分の年収に相当した報酬を、中共側はもらっていたことになる。それ以外にも雑誌や新聞を創刊すると言っては、そのつど数十年分の年収に近い巨額の金を岩井から無制限にせしめている。

廖承志をトップとした香港のスパイ根拠地は、それらを中共の宣伝工作に使い、党員を増やし、中共が強大化していくことに貢献した。

謝幼田氏はよくぞ本のタイトルを『中共が強大になった謎——覆い隠された中国抗日戦争の真相』と付けたものだ。まさにその通りである。

抗日戦争期間、中共が強大化し、日本敗戦後に国民党軍に勝利できた最大の謎の一つはここにもあった。

日本の中国侵略がなかったら、いま私たちの隣にある国は共産主義政権ではなく、国民党政権だったはずだ。蔣介石の間は独裁を続けたかもしれないが、きっと現在の台湾がそうであるように、いつかは民主主義の国家に変貌していたことだろう。

この機密費は、日本国民の血と汗の結晶だ。食べるものも食べず、着るものも節約して「ぜいたくは敵だ!」と我慢を強いられた国民は、その血税を、実は中共を富み肥やすために湯水のごとく使われていたのである。

岩井英一が貴重な記録を残してくれたことに対しては、われわれは感謝しなければならない。しかしそこから見えてきたのは、「毛沢東が日本軍と共謀していた事実」だけでなく、日本国民の血税が中共を強大化させ、現在の中華人民共和国を誕生させるために使われていたという、もう一つの厳然たる事実だった。

第五章　日本軍および汪兆銘政権との共謀

岩井公館を乗っ取らせていた廖承志

岩井公館に中共スパイを送り込んだ事実は中共側の誇張ではなく、岩井英一も『回想の上海』の「政党組織の準備進む、本部主幹の人選決定」（118頁〜121頁）で認めている。袁殊を主幹として、その傘下に配置された幹部のほとんどは、実は中共地下党員か中共スパイだった。岩井は戦後、回想録をしたためるに当たり、金雄白が書いた『同生共死の実体――汪兆銘の悲劇』（池田篤紀訳、時事通信社、1960年）を参照しているが、しかし岩井はかつて影佐に頼まれた新党結成のための動員に関して袁殊に「共産党員であってもかまわない」と明言しているので、当時から知っていたのだろう。ここでは中共側記録と照合させながら、岩井公館を陣取っていた何名かの中共スパイ幹部を列挙してみよう。

・翁永清：またの名を翁従六。中共スパイ。興亜建国運動の機関紙「新中国報」総経理。財務関係の権限を掌握。日本敗戦後中共に復帰。自動車事故（？）で死亡。

・劉慕清：筆名、魯風。中共スパイ。興亜建国運動の機関紙「新中国報」編集長。新中国誕生後、50年代初期の三反五反運動で投獄された後、消息不明。消息不明ということは獄死したということである。

・惲《うん》逸群：またの名を惲介生。中共スパイ。興亜建国運動の新聞出版編集業務の責任者。新中国誕生後、50年代初期の三反五反運動で投獄後、文化大革命でも引き続き監獄生活。文革終息と同時に他界。死後名誉回復。その他編集業務担当者や秘書・周静などの中共スパイ多数。

・劉人寿：またの名を楊静遠。岩井公館の地下で、無線電信局を開設。夜中に延安と連絡していた。岩井の回想録には出てこないので、岩井は知らなかったものと思われる。

・陳孚木《ちんふぼく》：蒋介石国民政府の交通部次長を一時期担当。廖承志に頼まれて岩井公館の興亜建国運動に参加した中共側スパイ。本人の記録によれば、1944年11月、総参謀部長で上海陸軍部長だった川本芳太郎と密談。日本敗戦後、中共の新四軍に入る。新中国建国後の1951年、香港に行き病死。

興亜建国運動の幹部が、いかに中共スパイによって占められていたか、一目瞭然だろう。これらはすべて廖承志の指導の下に、潘漢年の協力も得ながら進めていたのである。

廖承志の上には周恩来や葉剣英、毛沢東がおり、毛沢東の陰には死刑執行人ベリヤの愛弟子、康生が隠れていた。周恩来は説明するまでもなく新中国誕生のときから他界するまで（一時外交部長も兼任しながら）国務院総理（首相）を担当し続けた人物であり、葉剣英は日中戦争中に八路軍参謀長や中共中央革命軍事委員会参謀長などを歴任し、新中国誕生後も国防部長などを務めている。

周恩来は遵義会議のあと自らの地位を毛沢東に譲って毛沢東を最高位の指導者に持っていった人物だし、葉剣英は長征のときに毛沢東が紅第四方面軍の軍事委員会主席・張国燾と喧嘩して袂を分かったとき毛沢東側に付き、毛沢東の正当性を主張したという経緯がある。

実はこのとき、毛沢東と葉剣英二人だけしか知らないある陰謀があったが（長くなるので省略する）、葉剣英は軍人らしく黙して語らず、毛沢東に忠誠を誓っていた。そのため毛沢東は葉剣英に「諸葛一生唯謹慎、呂端大事不糊塗」という聯句を送ったことがある。「諸葛亮は生涯ひたすら慎重（謹慎）を通し、呂端（北宋初期の宰相。名君）は小さな事にはこだわらず、大事をおろそかにしない」という意味である。毛沢東の陰謀を知っている者はすべて抹殺されているので葉剣英も消されるべき存在だったはずだが、なんといっても主たる大物軍人はほとんど投獄されてしまっているので、軍を掌握する関係上、すべて殺してしまうわけにはいかない。軍人の中で、「こいつは他言しないだろう」と毛沢東が判断した者だけは生き残ったものと考える。

一見スパイ活動と関係のない葉剣英が背後にいるのは、日本軍との共謀や、汪兆銘政権の軍事動向をコントロールする必要があったからである。後述する王明の手記が明らかにしているように、毛沢東は中共中央政治局会議にはかけずに、個人的に軍人を使って極秘裏に指示を出していた。

潘漢年が上海に派遣されて諜報活動を行ない始めるのは１９３９年の晩秋である。

このときに世界で何が起きていたのかをマクロに見ることを怠ってはならない。

１９３９年８月23日にドイツとソ連の間で「独ソ不可侵条約」が結ばれたのだ。犬猿の仲と見られていたヒトラーとスターリンが手を結んだのである。ざっくり言うならば、スターリンとしてはナチス政権の勢力の矛先が西欧諸国に向かうことを願った。独ソはしばらくこの条約に基づいて協調関係を持ったが、１９４１年６月22日から開始された独ソ戦でナチス・ドイツがソ連に侵攻することによって終焉した。

一方、毛沢東の最大の政敵である蔣介石率いる「中華民国」国民政府は、早くからドイツと「中独合作条約」を結び、軍隊や国防産業の近代化を図ってきた。蔣介石は１９２８年にようやく跋扈《ばっこ》する軍閥を打倒する北伐を完成させ国内統一を遂げたが、１９３１年の満州事変などにより真の国家統一は遠のくばかりだった。このような中で中独合作は強化され、蔣介石・国民政府とドイツのヒトラー政権は、「反共」という意味において利害が一致していた。

ところがヒトラーは、ソ連のコミンテルンに対抗するには日本の方が頼りになるとして、１９３６年11月25日に日独防共協定を結んでしまう。

すると「中華民国」国民政府は1937年8月21日に「中ソ不可侵条約」をソ連と結ぶ。怒ったヒトラーは、敵のスターリンと独ソ不可侵条約を結んでしまうのである。その結果、毛沢東は「それなら、こちらも」とばかりに「反蔣聯日」（蔣介石に反対し、日本と連携する）という方策を打つ。潘漢年はこうして岩井英一と深い関係に陥っていくのだが、その延長線上には汪兆銘政権があった。

なおヒトラーは1941年7月、重慶の国民政府とは手を切り、南京の汪兆銘政権を「国家」として承認している。

汪兆銘政権を支えた日本軍人たち

ところで、「岩井公館が中共スパイと表裏一体をなしている組織だ」として、中共地下党員らの動きを鋭く見抜いていた周仏海は、影佐に対して興亜建国運動そのものをやめるよう、激しい抗議を申し出ていることは前述した。もしやめないのなら、汪兆銘政権誕生はないと思えと、断固譲らなかった。そのため影佐は新党結成だけでなく、最終的には興亜建国運動もやめるように岩井に要求し、岩井公館は名義上、創立から1年ほどで解散となり、汪兆銘政権の東亜聯盟へと吸収された。

ここでは汪兆銘政権とは何だったのか、また毛沢東はどのようにして汪兆銘政権を利用しようとしたのかに関して分析を試みる。そのためには、まずは汪兆銘が何を考えていたのかを正確に知らなければならない。

汪兆銘政権が正式に誕生したのは1940年3月30日で、汪兆銘の政治目標は「和平」であり、「和平論」は決して売国ではないと信じていた。それは孫文が1924年に日本の神戸で行なった講演のテーマであった「大アジア主義」に基づくもので、汪兆銘は、権勢欲からではなく、自分こそは孫文の真の理解者であり継承者だと確信していた。孫文は講演でおおむね次のような内容のことを言っている。以下、6202文字の中国語原文から適宜抽出して概要を記す。


西洋列強は「覇道」の文明によりアジア諸国を圧迫しているが、東洋には「覇道」より優れた「王道」(道徳、仁義)の文明がある。アジアを復興させるには王道を中心として不平等を打破しアジア諸民族が団結して「大アジア主義」を貫かなければならない。

日本は日露戦争勝利により、白人の支配を退けた。これはアジアのすべての民族に欧州の支配を打破し、独立を勝ち取ろうという機運をもたらした。日本は近年来、欧州の武功文化を吸収し、欧米人に頼ることなく自主独立の精神で陸海軍などの軍力も整備した独立国家となっている（筆者注：欧米の植民地となっていないという意味）。日本民族は欧米の覇道の文化を獲得し、またアジアの王道文化の本質も持っている。今後日本は果たして西洋覇道の番犬となるのか、それとも東洋王道の盾と城壁たる道を選ぶのか、それは日本国民の今後の選択にかかっている。

おおむね、このような内容だ。

孫文の遺言を筆記したともされる汪兆銘は、孫文の遺言にある「中国の自由と平等を求めるという目的を果たすためには、必ず民衆を喚起し、わが民族を平等にあつかう世界の民族と連携し、ともに奮闘していかねばならない」という部分を特に重視した。

そして汪兆銘は日本が中華民族を「平等に扱う」と期待し、信じたいと思ったと伝記に書いている。しかし実際に汪兆銘政権を樹立するために来日し、日本の軍部の傲慢な態度を見るにおよび、その望みは薄いかもしれないと予感した。よほど新政権樹立を断ろうかと思ったが、もうあとには戻れない。汪兆銘は涙をぬぐいながら「還都式」の宣誓をしている。「還都」というのは、自分こそが正統なる「中華民国」の継承者で、国都を重慶から南京に戻すという意味合いを持っている。

汪兆銘を支えたのはナンバー2の周仏海で、周仏海が岩井の興亜建国運動を阻止しようとしたのは、この孫文の精神のためだった。

汪兆銘は当時の陸軍参謀、影佐禎昭大佐（のちに中将）に「自分は平和を目指すだけであり、もし平和が来れば、政権にしがみつくつもりはなく、誰が政権を握ろうと、それは問題ではない」と告げている。このことに感動した影佐は、やはり平和論者で、なんとしても汪兆銘政権を支えようと、上海の梅花堂にその支援機関を創るのである。これがやがて「梅機関」と称せられるようになるのだが、影佐は手記「曾走路我記《そぞろがき》」（1943年12月13日、「ニウブリテン」島「ラバウル」にて）に、これは特務機関ではない、あくまでも汪兆銘政権樹立のための援助と日本との連絡を遂行するための機関だと説明している（1966年、みすず書房『現代史資料13　日中戦争5』所収）。

影佐によれば、「梅機関」は陸軍、海軍、外務省および民間人有志から成るもので、経費も各人の出身母体（軍や省庁）から捻出されたとのこと。しかし軍部の中にも梅機関を特務機関とみなしていた者がいたので、遺憾であるという趣旨のことが書いてある。特務機関ならば、上海には「上海特務機関」、南京には「南京特務機関」があって、それぞれが管轄領域を定め、まさに特務（スパイ）の業務を遂行しているので、「したがって上海にあった梅機関は特務機関ではない」と、「曾走路我記」の中で断言している。影佐はまた、「汪兆銘政権は日本の傀儡政権ではない」ということを貫くために、さまざまな妥協と日本側の説得を行なっているのだと、自らの行動目的を説明している。しかし、汪兆銘政権樹立後は、後述する晴氣中佐が主管する正真正銘の特務機関となっているので、本書では「特務機関」とする。

現在の中国では、梅機関は最も悪辣な特務機関で、岩井公館はスパイの大物であった岩井が中国人民を蹂躙するために設置したものと位置づけ、岩井と影佐は悪の権化のように扱われている。そのためのテレビドラマも、わりあい近年になって制作されており、袁殊の人生を描いたテレビドラマなどは2013年、習近平政権になってから中央テレビ局CCTVで放映されているので、その「洗脳」がいま改めて行なわれようとしているのを感じる。

しかし毛沢東自身は汪兆銘政権の本質を見抜いており、梅機関が汪兆銘政権誕生と同時に消滅し、影佐が汪兆銘機関の軍事最高顧問になったことに目をつけたのだろう。

毛沢東としては、国民党軍は何派であれ、「和平」の方向に行ってもらっては困るのである。できるだけ長く日本と戦い、消耗し、ボロボロになってもらってこそ、中共軍が勝つ。そのときにこそ毛沢東の帝王時代が来る。だから日中戦争は長引けば長引くほどいい。ということは、汪兆銘政権を内部分裂させ、和平など訪れないようにして、日本軍が中共軍を攻撃しないようにすればいい。これが毛沢東の戦略だった。

第四章で紹介した、岩井の回想録に書いてある潘漢年の「日本軍との停戦申し入れ」は、まさにこの時期のことであった。

謝幼田はその著書『中共が強大になった謎——覆い隠された中国抗日戦争の真相』の中で、いったい潘漢年は、どのような情報を岩井に渡したのだろうかと、追及の目を鋭くし、岩井にとって潘漢年の利用価値が非常に高く、「非常に重要な情報を潘漢年が岩井に与え続けたからこそ、岩井と潘漢年の交際は、こんなに長く続いたのだろう」と何度も書いている。それは潘漢年の友人たちが潘漢年の死後、その名誉回復を願って書いた『潘漢年傳』や『潘漢年、情報の生涯』に基づいて書いているため、実際に潘漢年が、つまりは毛沢東が岩井に何を求めたかを知らないことが原因だと思われる。

しかし事実は非常に簡単で、要は、毛沢東は日本軍に対して「どうか中共軍を攻撃しないでくれ」「そのために中共軍と日本軍の間で停戦和議関係を秘密裏に結ぼうではないか」ということを日本側に求め、その見返りに重慶国民政府の軍事情報を売り渡すという、「厳然たる事実」があるだけだ。

日本が中国を侵略しておきながら「和平論」を唱えて、一刻も早く中国と平和的友好関係を結ぼうとする日本側の和平論者である岩井も影佐も、今から見れば「何を矛盾したことをしているのか」ということになるかもしれない。しかし、信念としては日中の双方ともに、偉大なる革命家で国父として崇められている孫文の「大アジア主義」に根拠を置いていた。

汪兆銘の場合は本気で、孫文の大アジア主義に基づいて和平政権を樹立させようとしていたし、岩井や影佐は半ば日本の本部との乖離の中で和平論に向かって動き、日本軍の総本部は孫文の大アジア主義を歪曲して「孫文は日本がアジアを一つにすることを望んだ」という部分だけを切り取って解釈し、「不平等関係を撤廃し、対等の立場で」という文言の部分は完全に無視して、権益拡大のために日中戦争を進めたのである。

岩井はそのことに憤慨し、「あれは侵略だった」と何度も書いている。『回想の上海』

の242頁にも「元総軍高級参謀岡田芳政から最近聞いた話だが、石原（莞爾）と共に満州事変の最高の画策者板垣征四郎大将も、後年満州事変が日本の侵略戦争であったことを認めていたということである」と明記し、「日中戦争は中国側から見ればたしかに、日本の中国領土侵害であり、国家主権の侵害である」と認識している。こういった岩井や影佐の精神性を見ると、決して中共側が言うように「潘漢年に利用価値があったから」最後まで守ったのではなく、あくまでも潘漢年が初対面で「自分は和平論者だ」と岩井に言ったために、岩井はそれを信じたのであることがわかる。

そして事実、毛沢東にとっては、この「和平論」の部分が重要なのであって、日中戦争が「日本の侵略戦争であったか否か」などはどうでもいいことなのであった。なぜなら毛沢東は日本軍との間で「停戦和議」を成立させ、ともかく日本軍が中共軍を攻撃しないようにしてくれさえすれば、中共軍の兵力を温存させ、やがて蔣介石・国民党軍を敗北に追いやるために有利になるという計算しかなかったからだ。

この事実を直視しない限り、歴史の真実は見えてこない。この歴史の真実を勇気をもって直視することによってのみ、いまわれわれの隣にある共産党政権である「中国」の本質が初めて見えてくる。それゆえに孫文の講演と遺言は非常に重大な日中の歴史と現在の日中関係を読み解くカギになってくるのである。

ところで、岩井公館が消滅しようとしていたとき、袁殊は盛んに汪兆銘に呼ばれるようになった。袁殊は岩井より先に、興亜建国運動そのものも消滅し、東亜聯盟に吸収されることを知っていた。岩井は自分が「蚊帳の外」に置かれていたことを知り、激しいショックを受ける。

梅機関も汪兆銘政権樹立に伴い解散するが、梅機関にいた陸海軍武官らは、以下のような形で汪兆銘政権の軍事委員会の軍事顧問となる（『曾走路我記』より）。

・影佐禎昭陸軍少将：軍事委員会最高顧問。
・須賀海軍少将：海軍首席顧問。
・谷荻陸軍大佐：軍事顧問。
・川本陸軍大佐：軍事顧問兼丁默邨《ていもくそん》（特務総部76号の指導者）管轄下の社会部業務に協力。川本大佐は、中共スパイ陳孚木が接触して密談をした川本芳太郎である。
・原田陸軍大佐：軍事顧問。

・岡田陸軍主計大佐：軍事顧問。財務部長・周仏海の希望により経済顧問を兼任。
・晴氣中佐（輔佐・塚本少佐）：軍事顧問。李士群の特務工作に協力。ただし、晴氣中佐（輔佐・塚本少佐）は軍事委員会には定位がないため、旧梅機関の名称をそのまま踏襲して、事務所名を改めて「梅機関」とした。こちらの「梅機関」は、まがいもなき「特務機関」である。

その他大勢いるが、この辺にしておこう。周仏海はこのとき、『同生共死の実体——汪兆銘の悲劇』の作者である金雄白に、「日本の侵略の形が、いっそう進んだだけさ」と、投げやりに言っていたと、金雄白は書いている。

この陣営であるならば、毛沢東としては、いっそう利用価値があっただろう。

近衛内閣の「南進政策」決定で救われる

潘漢年は延安中央の毛沢東からの指示を受けて、まずは袁殊を通して特務機関76号の動きを逐一把握することにした。袁殊はこのとき76号で辣腕を振るっていた李士群に可愛がられて、南京政府国民党の中央委員に抜擢されている。

五面相スパイとして中国の歴史上でもまれな怪物的スパイとも言える存在の袁殊は、実は丸顔で背が低く、やや小太りという、およそスパイらしからぬスタイルと表情の持ち主だ。愛想もよく低姿勢で、どちらかというと、おどおどしていたところがある。それ故にこそ、どの陣営からも可愛がられ重宝され、五面相スパイとなってしまったのだろう。そして実はどの陣営も、本気では袁殊を信じていないのだが、なんと言ってもどの陣営にももぐった経験があるので、その情報量には、たしかに凄まじいものがあった。

このころ中国では、日本軍が今後「北進するのか、それとも南進するのか」が最大の関心事となっていた。北進すれば日本軍はソ連と戦うことになり、ソ連はドイツと日本の両方から攻撃を受けることになる。これはソ連と提携している中共にとって不利な体勢だ。となると、その機に乗じて、蔣介石・国民党軍が軍事的圧力を中共にかけてくる可能性があるので、毛沢東は孤立無援となって滅亡の危機に追い込まれるかもしれない。

毛沢東はこのことに悩み、コミンテルンとも連携を頻繁にしながら、眠れぬ日々を過ごしていたと『潘漢年、情報の生涯』にある。

事実、1941年6月には独ソ不可侵条約は破られて独ソ戦が始まっていた。

また対ソ戦を想定していた日本陸軍は7月7日、軍事演習（関東軍特殊演習）を名目としてソ連国境沿いの「満州国」に70万の兵力を大動員し、独ソ戦の戦況次第によってはソ連侵攻ができるよう準備していた。

日本軍、北進か南進か——。

毛沢東ならずとも、蔣介石側を含めた全中国の関係者が固唾を呑んで見守っていた。

潘漢年ネットワークが実力を発揮したのは、唯一このときだった。袁殊など、張り巡らした網の中から、ついに有力な情報をつかんだのである。それは1941年9月に、近衛内閣が北進を主張する松岡外相を排除する新内閣を再結成して開いた御前会議において、「帝国国策遂行要領（中国語では帝国国策実施綱要）」が採択され「南進」を決定したというニュースだった。

7月の御前会議でも南進の基本方針は打ち出されており、イギリスのテレグラフなどはこれをスクープしたりしたが、しかしその決議は北進を含めており、決定的なものではなかった。それに反して9月の御前会議では北進論は完全に封鎖されていた。

飛び上がって喜んだのは毛沢東である。

またしても中共は、日本の「南下政策」により救われたのだ。

もちろん近衛内閣にはソ連のスパイ、ゾルゲがいる。ゾルゲと緊密にタイアップしていた朝日新聞記者、尾崎秀実は近衛内閣のブレーンになっていた。尾崎を通して近衛は「ソ連が望む方向」へと誘導されていたという要素も否めないだろう。

『潘漢年、情報の生涯』によると、この密電を得た瞬間、延安中共はすぐさまソ連に打電したとのこと。ソ連ではすでにゾルゲからの密電だろうか、この情報をキャッチしていて、東部に当てて配備していたソ連軍を引き揚げ、早速モスクワに集めて西部戦線へと送る指令を出したところだとある。

日本はいつも、肝心のところで毛沢東を助けている。

毛沢東が日本に感謝しないはずがないだろう。

南進を決めた瞬間に日本は敗北への道を選んだというのが、中国における定説だ。

特務機関76号の李士群を狙え

その同じ年の12月8日に、日本はアメリカの真珠湾を奇襲攻撃して太平洋戦争（第二次世界大戦の一部）へと突入していった。戦う相手は米英蘭など多くの欧米連合諸国であり、日本の味方になったのはドイツとイタリアというファシズムの枢軸国だけだ。ソ連とは1941年4月に日ソ不可侵条約を結んでいる。中華民国とはすでに戦っているのだから、当然、中国は連合国側の国になる。

蔣介石にとっては味方が増え、日本の戦場が東南アジアなどの南方やアメリカにまで拡大していってくれたので、中国における日本軍の兵力はがぜん低下し、ありがたい。

毛沢東にとっては複雑だった。

少なくとも日本が北進策を放棄して南進策を取ってくれたのはありがたい。これで中共軍は滅亡せずにすんだ。しかし戦う相手が蔣介石だけから全世界に広がったのでは、蔣介石に有利になる。そこで毛沢東はターゲットを汪兆銘政権に絞った。

汪兆銘にとっては、日本が戦争を拡大したのでは、和平論も何もあったものではない。孫文の大アジア主義どころか、日本はまさに西洋の覇道の道を選んだのだ。汪兆銘は日本を信用した自分の選択がまちがっていたことを思い知らされ、精神が不安定になり、自分が招集した議会でも最後は号泣するまでになってしまった。

このとき60万人の兵力を保持してはいたが、政権内の動揺は隠せなかった。

政権の財政を握り、汪兆銘を何としても支えようとしていた党内ナンバー2の周仏海は、金雄白に「自分は選択をまちがえたことになる。日本が戦争を拡大するのでは、自分たちはまさに売国奴になってしまう」と訴えていた。そのため周仏海は重慶政府の中統（中国国民党中央執行委員会調査統計局）のリーダー戴笠《たいりゅう》とひそかに連携を持つようになったと、金雄白は書いている。

特務機関76号の実質的権限を持っていた李士群は、古巣の中共へ秋波を送るようになったと、潘漢年伝記関係は書いている。

1905年生まれの李士群は、若いころに中国共産党員になり、1928年にモスクワの中山大学に留学し、翌年には帰国して上海にある中共中央特科（スパイ科）で仕事をした。ところが、1932年に蔣介石・国民政府の二大スパイ組織の一つである中統に逮捕されると、すっかり説得されて転向してしまい、国民党に入党する。そして同じく国民党の丁默邨《ていもくそん》らと上海で仕事をした。1938年に重慶の中統から南京に潜伏せよという指令を受けるが、それに従わず香港に行って汪兆銘側に付く。日本陸軍の土肥原《どいはら》賢二中将に説得されて、丁默邨を汪兆銘側に引きつけ、上海で特務機関を設置した。汪兆銘政権誕生前からジェスフィールド通り76号に特務機関を準備して中統系列のスパイを捕まえては汪兆銘系列に転向させていた。

しかし、汪兆銘政権ナンバー2の周仏海との仲が良くない。李士群は権勢欲が強く、内部で権力争いばかりをしていた。こういった情報は袁殊から上がってきていたので、延安の中共中央はすべて承知していた。

潘漢年が上海で岩井英一と会っていた1939年の晩秋、潘漢年は葉剣英から署名入りの密電を受け取っていた。それは関露《かんろ》という女流作家を汪兆銘政権の特務機関76号にいる李士群のもとに送れという密令である。関露は多くの映画の主題曲の歌詞を書くなど、すぐれた才能を発揮していた。その文学性を左聯など左翼的な文芸に傾けていくうちに共産党入党をすすめられ地下党員となっていた。李士群の秘書として派遣された関露は41年末頃になると李士群のもとを去り、秘書役は潘漢年本人に代わっていった。それはスパイ行為を本格化させることを意味していた（なお関露は1955年に潘漢年が逮捕投獄されたときに連座で逮捕され、最後には精神が衰弱し睡眠薬を大量に呑んで自殺している）。

『潘漢年、情報の生涯』によれば、潘漢年が李士群と会ったのは1942年の春だとのこと。1997年に出版された『潘漢年傳』には具体的に1942年2月と書いてある。いずれにせよ、日本が太平洋戦争に突入したあとのことだ。例の、影佐とやむなく会うことになって六三公園で世間話をし（これは嘘であることは前に書いた）、そのときに影佐に李士群に会いたいと告げた。すると影佐は快く承諾した、とある。

このくだりの描写が『潘漢年、情報の生涯』に、「ああでもない、こうでもない」という感じで長々と弁解がましく書いてあるが、これは結局、本書の148頁で引用した岩井の回想録に明記してあるように、本当は「中共と日本軍の間の停戦を岩井に求めて、岩井から影佐を紹介してもらった」という事実を覆い隠すためなのだろう、と推測される。

潘漢年の名誉回復のために中共の監察のもとに出版された本なので、このような恐ろしい真実は書けないはずだ。1年後に出版された『潘漢年傳』では、岩井が書いた事実とは、どんどんかけ離れた虚構が、潘漢年を守るための弁解として210頁につぎのように書かれている。


岩井があまりに潘漢年のことを重視するので、日本の在華最高特務機関の頭目、影佐禎昭の注意を引いた。（中略）岩井は影佐に潘漢年と一度会ってみてはどうかと言った。潘漢年は断わるわけにもいかず、「六三公園」で、ご飯を食べるという形で影佐と会った。袁殊も岩井も一緒だった。潘は影佐に大後方（国共両軍の後方）の情報や香港における民主運動家などの話をした。潘漢年は「和平運動」のために、何かやってもいいと影佐に言った。この機会を借りて潘漢年は「汪精衛政府の江蘇省の省長・李士群は私の昔からの友達だ。挨拶に行くべきだと思うので、李（士群）と会ってみようかと思っている」と影佐に言った。影佐は同意した。

これは『潘漢年、情報の生涯』に書かれている長々としたつじつまの合わない弁解と比べて、やや弁解度が低くなっているが、より具体化したことにより、思わずボロが出てしまっていることにお気づきだろうか？　潘漢年は影佐に「和平運動のために何かやってもいい」と言ったことを書いてしまったのだ。

詳細に書けば書くほど、行間には必ず真実のかけらが浮かび上がってくるものだ。その通りである。潘漢年は影佐とも岩井とも「和平運動」のために会っているのである。

和平——。

敵同士が「和平を語ること」を「和議」という。毛沢東は日本側に「和議」すなわち「中共軍との停戦」を持ちかけろと、潘漢年に指示していたことが、これからも分かる。

潘漢年が言ったと書いてあるこの「和平運動」という言葉こそ、岩井が何気なく回想録に書いた「中共側からの停戦申し入れの事実」と一致するのである。

しかし一応、潘漢年伝記に基づいて何が起きたかを追いかけてみよう。行間には必ず別の真実が隠されているはずだから。

潘漢年が袁殊を通して李士群に確認してみたところ、李士群も会いたいと言っているという。そこで袁殊とともに車に乗り愚園路にある李士群の公館まで行った。李士群は助手の胡均鶴《こきんかく》を門のところで侍《はべ》らせ二人を出迎えさせた。

李士群は潘漢年に会うなり、(面識があるので) すぐさま「中共や新四軍が何か必要なことがあったら、何でも言ってくれ。どんなことでもするよ」と切り出した。そして「できることなら、あなたたちも私が困った時には助けてほしい」と付け加えた。それに対して潘漢年は、「われわれは、あなたのそういう姿勢を歓迎する」と回答した。今後は、潘漢年との連絡は袁殊が、李士群との連絡は胡均鶴が担当することが決まった。

ほどなくして、李士群の方から (主動的に!) 潘漢年と会いたいと言ってきた。そのため潘漢年はまたもや李士群の公館に足を運んだ。すると李士群は「日本軍は蘇北地区の掃討作戦に出るので、中共の新四軍は予めそれに備えて行動した方がいい」と教えてくれたという。潘漢年はその情報提供に関して感謝した。別れぎわ、李士群はある銀行口座の小切手帳を潘漢年に渡したと、潘漢年の伝記には書いてある。

なぜ「主動的に」という言葉が強調してあるかというと、潘漢年が李士群にふたたび会ったときに、「李士群が積極的に内部情報を潘漢年に漏らして、中共軍を守ろうとした」という、「李士群が中共側に媚びた」文脈にしたかったからではないだろうか。つまり、決して中共側から接近したのではなく、李士群側が潘漢年に積極的に近づいてきたので、潘漢年は無実だということを主張したかったからなのだろう。

当時の中共軍は田舎や山奥など、日本軍が行かないところで活動を展開していた。一方、日本軍は大都会や鉄道の要所要所などの「点」あるいは、その点と点を結ぶ「線」だけを押さえていた。その線が囲む広大な二次元的「面」においては、日本軍勢力は希薄で、ここではまさに中共軍が思想宣伝活動を展開し、「民族の血潮がたぎるような言葉」で農民を中心とした民衆を動員して、中共側勢力を拡大させようとしていた。

事実この時期、毛沢東は書経などの古典から引用した「燎原之火」という言葉を用いて、「農民や民衆の動員」を命じていた。「燎原」というのは「野原を焼く」という意味で、「その火種がどんなに小さくとも、ひとたび野原に火がつくと、たちまち勢いよく燃え広がって手がつけられなくなる」という意味だ。日本軍のいない農村の「面」において、中共勢力は思想的に拡大していた。

毛沢東からしてみれば、「そこさえ侵さないようにすれば、李士群が窮地に陥ったときに中共は受け皿となる」ことを、李士群に伝えたかったはずだと思うのである。

その証拠に、のちに述べるように、1943年春には潘漢年は李士群を通して日本陸軍の都甲大佐に会い、中共軍と日本軍との間の不可侵交渉をしている。

岩井英一が自由に使える手持ちの外務省機密費はこのときもうなくなっており、岩井はだんだん本省に干されていくのだが、このときはまだ上海総領事館にいて権限だけは持っていた。

真珠湾攻撃で日本が太平洋戦争に突入し南進政策に着手すると、1941年12月25日に、香港は日本軍の手に墜ちた。そこで潘漢年たちは香港のスパイ根拠地を上海に移して、岩井や影佐あるいは李士群たちの保護のもとで上海でスパイ活動を遂行すべく、香港根拠地を撤退することになった。

そのため潘漢年は岩井に、どこででも使える「通行証」の発行を要求している。岩井はすぐに承諾し、翌日には上海総領事館発行の特別な身分証が手渡された。そこには

「日本軍、憲兵あるいは警察が、この身分証を持っている者に関して取り調べを行なうときは、まずその前に駐上海日本総領事館に連絡すること」と明記してあった。大手を振って、どこへでも自由に行き来できる「護身符」だと、潘漢年は喜んだ。

1942年9月になると延安中央から、香港や上海のスパイ根拠地から新四軍根拠地に戻ってくるよう指令があった。そこで潘漢年は李士群に護衛を頼み、1942年11月に無事に淮南《わいなん》にある中共新四軍根拠地に着くことができた。これもまた、毛沢東が潘漢年に李士群と近づくよう命じた理由の一つだったにちがいない。

汪兆銘との密約、もう一つの証言

なお、潘漢年ルートの情報ではないのだが、毛沢東は汪兆銘政権と相互不可侵の和議を申し入れていたことを記した別の記録がある。それは汪兆銘政権ナンバー2の周仏海の息子・周幼海が、2004年に団結出版社（北京市）から出版された『汪精衛与陳壁君』（汪兆銘と陳壁君）（程舒偉・鄭瑞峰著）の中で述べている父親に関する「回顧録」というコラムに書いてある。それによれば（概略だが）、「1942年の春から夏にかけての時期、潘漢年は蘇州に行って李士群に会い、李士群とともに南京に行って周仏海と会う。そこで上海においては互いに相手を攻撃せず、暴力的応酬をしないという約束をした」とのことだ。

毛沢東の指示がなかったら、敵方であるはずの汪兆銘政権とこのような密約をすることは不可能だ。毛沢東が汪兆銘政権に対しても和議を申し出、互いの敵である蔣介石打倒のために協力し合う方向で動いていたことは間違いない。

事実、『周仏海日記』の1943年3月2日（火）には、以下のような記述がある。

筱月《しょうげつ》（筆者注：周仏海の財政関係の部下・邵式軍《しょうしきぐん》の渾名《あだな》。ルビ筆者）が来て、共産党は重慶側に不満なので、わが政府との合作を欲しており、先般、潘漢年を上海に派遣して李士群と折衝させたが、その後、李では政治的な力量がないので、筱月の親戚を改めて派遣して、余に面会を求めているなどと語った。体の具合がよくないので、後日再度話し合うことにする。

ここで最も重要なひとことは「わが政府との合作を欲しており」という文言だ。つまり、毛沢東は汪兆銘政権と手を結び、ともに蔣介石の重慶国民政府を打倒しようと申し入れていたことがわかる。さらに「再度話し合う」とあることは、前に一度会っていたことを意味すると解釈できる。息子・周幼海のコラムにある42年春から夏にかけての部分では、筆者は『周仏海日記』で該当する記述を拾いきれなかった。日記に書くことが多すぎるので、潘漢年の最初の訪問に関しては書かなかったのかもしれない。

本気で日本軍と正面から向き合い、抗日戦争の最前線に立っていたのは、蔣介石ひとりだったことは明白だ。このことは中共側の末端にいた多くの八路軍や新四軍たちには伝えられていない。そんなことを知らず、命令されるままに、鉄道を破壊するなどの小さなゲリラ活動を行ない、それを大きく宣伝する活動を革命根拠地では行なっていた。

毛沢東は言葉の天才だ。民衆を動員するときの「民族の血潮に訴える言葉の熱さ」は、本当に民衆の心に響き、多くの民衆が八路軍や新四軍に参加している。兵士たちは毛沢東が発する「スローガン」を信じて、真剣に抗日戦争に立ち向かう気概を持っていた。ただ、「スローガンと実際の行動とのギャップ」を知っている上層部の中には、その欺瞞性に不満を持ち、毛沢東から離れていった者も少なくない（ほとんどは翻意が発見された時点で暗殺されているが）。

一方、中華民国という国家の主席として、蔣介石は重慶政府の国民党軍を日本軍と第一線で戦わせる以外になかった。その国民党軍は「中華民族」である。重慶国民党軍の軍事情報を日本側に与えて国民党軍を弱体化させていく行為は、「中華民族を裏切る行為」以外のなにものでもない。

毛沢東は裏では日本軍や汪兆銘政権と連携しながら、表面では「抗日救国」を高らかに叫び、多くの中国の民衆の気持ちを中共側に引きつけていた。そうしておきながら、同じ中華民族を日本軍に殺させていたのである。

潘漢年、汪兆銘と再会？

1943年春、激しかった香港や上海におけるスパイ活動にも一段落がついて、潘漢年はようやく少しだけのどかな日々を味わっていた。

すると、中共「華中局」の書記で新四軍の政治委員をしていた饒漱石《じょうそうせき》が、突如潘漢年に指令を出してきた。急ぎ上海に行って李士群に会い、抗日分子の掃討作戦に関して現状を調べてこいという。現状を調べるということは、つまり、新四軍を攻撃しないように和議交渉をしてこいということだ。その辺は心得たものである。

潘漢年はさっそく李士群に会いに行くのだが、上海に行くと蘇州にいると言われ、蘇州に行くと南京にいると言われ、南京に行くと上海に戻ったばかりだと言われ、まるで強制的に汪兆銘に会わされるような罠にはまったという、理解しにくい描写が『潘漢年、情報の生涯』の158頁から160頁に長々とある。

もちろん潘漢年が最初に汪兆銘に会ったのは、岩井が書いている通り、1940年3月に汪兆銘政権が誕生した直後あたりのことだ。岩井が潘漢年に影佐を紹介し、その流れで汪兆銘に会っている。したがって、もし、『潘漢年、情報の生涯』の当該頁に書いてある1943年春に「汪兆銘に会う羽目になった」というのが、その経緯は別として本当だとすれば、これは潘漢年と汪兆銘の2度目の会見となろうか。

袁殊は岩井に潘漢年を紹介するときに「周恩来と同じくらいに偉い中共の幹部」と伝えている。潘漢年はしたがって、日本軍や外務省関係者あるいは汪兆銘政権にとっては、「中共の高級幹部」という位置づけになっていただろう。汪兆銘自身が会ったとしても、職位としては、そう不釣り合いではない。

『潘漢年、情報の生涯』の160頁から161頁に、そして『潘漢年傳』の222頁から223頁にかけた汪兆銘と潘漢年の会話が非常に具体的に書いてあるが、これはあくまでも「潘漢年の名誉を守るため」と、「毛沢東が本当は汪兆銘政権とも相互不可侵和議を行なっていたということを隠すため」の粉飾であって、この会話の内容を詳細に書いても虚しいだけだ。ただ重要なのは、この2冊の本とも、汪兆銘が「私はあなたがたの毛沢東先生と面識があるんですよ」と言っていると書いていることと、汪兆銘が潘漢年に「今は絶好のチャンスだ。われわれが協力し合えば、道は違っていても帰るところは同じだ。共産党が蔣介石と一緒になって戦わないことを希望する。われわれが合作協力してこそ、中国を救うことができる」と言ったと書いていることだ。しかしこれは逆に、毛沢東が汪兆銘に伝えたかった言葉であり、潘漢年はそのために汪兆銘に会ったのだと確信することができる。

前述の『周仏海日記』があますところなくそのことを証明しているし、また次章で述べる都甲大佐と潘漢年の密談からも十分にうかがい知ることができる。

なお、2013年5月16日になると、中国語のネット空間に「毛沢東が汪兆銘に書いた手紙が見つかった！」という情報が登場し、またたくまにネットが燃え上がった。中国大陸のネット空間にも拡散し、いまも削除されていない。文頭には、汪主席兆銘先生：いかがおすごしですか。
民国十三年に広州でお別れして以来、はや十八年の歳月が流れてしまいました。民国十三年における国民党第一回大会のとき、潤之は汪主席のご高配を賜り、平民の身でありながら宣伝部部長の職位を賜り、いく度にもわたって汪主席の教えを拝聴し、この潤之、そのご恩を終生忘れることができません。

という文言がある。

潤之とは本書の第一章にも書いたように、毛沢東の字《あざ》で、毛沢東は毛潤之ともいう。手紙などを書くときには、この名前を用いることが多い。民国13年とは西暦1924年のことで、本書の53頁に書いてある通り、孫文が国民党第一回大会を開催し、第一次国共合作を提唱した年である。毛沢東は39席に座って、発言をした。そのとき、汪兆銘にはいたく可愛がってもらった。あのときのことを指している。

この手紙の文末には「潤之　民国31年暮春　延安にて」とある。民国31年というのは1942年。「暮春」というのは晩春のことだ。

そして手紙の最後には追伸のような形で「なお、この手紙は我が党の潘漢年に直接托す。この人は忠誠心に欠けているので、手紙を読んだ後は必ず破棄するように！　ゆめゆめお忘れなきよう！」とある。

手紙の主たる内容は「互いに不可侵という協力をして、中華民族の血を無駄に流すのはやめましょう」というもので、ついでに「医薬品が不足しているので、支援をお願いしたい」ということも付け加えられている。すべてが事実に符合しており、内容的には信憑性が高い。直筆の写真でもあればと思い、ネットで検索していたところ、『歴史塵埃』（高伐林著、明鏡出版社、２００６年）にあるという情報を見つけた。その本を購入しようと捜したが、どこにもない。唯一、東北大学の付属図書館にあることを突き止めた。「遂に見つけたぞ！」と、はやる心で東北大学付属図書館に電話したところ、「ある」という。取り置きをお願いし、藁をもつかむ気持ちで仙台に直行したのだが、残念ながら、その本にはなかった。

しかし、『周仏海日記』の流れから言って、たとえ直筆の写真がなかったとしても、もう十分ではないかと自らに言い聞かせた。

第六章　日本軍との共謀と政敵・王明の手記

日本陸軍・都甲大佐との密約

潘漢年に関する伝記は、潘漢年が李士群によってほぼ強制的に汪兆銘に会わせられた後、さらに李士群の軍事顧問である日本陸軍の都甲大佐にも紹介されたとしている。中共側の検閲を受けている本が、なぜこのような日本側さえ知らない事実をほじくり返して書いたのか。それはおそらく、いかに李士群がむりやりに潘漢年を汪兆銘に会わせたかということの傍証として、「日本陸軍の大佐にまで会わせたのだから、李士群の強硬さが、これにより証拠づけられる」と解釈したからではないかと推測する。

いずれにせよ、『潘漢年、情報の生涯』の161頁から162頁にかけて、そして『潘漢年傳』の223頁から224頁にかけて、都甲大佐との会談というか、いうならば「密約」がこと細かに書いてある。

特に1年後に出された分厚い方の『潘漢年傳』の方がより詳細に書いてあるのは、やはり推測通り、「いかに李士群が強引に会わせたか」を強調したいためであることが明確に読み取れる。特に「このたびの出張は実に不愉快だった」と潘漢年が思っていると加筆されていることが印象的だ。

では、『潘漢年、情報の生涯』には、どのように書いてあるかをご紹介しよう。

潘漢年は南京に二日間いただけで、胡均鶴とともに上海に戻った。すると上海に戻った李士群に呼ばれ、もう一度李士群と会った。李士群は潘漢年に、「日本軍はしばらくは、大規模な掃討作戦をやらないだろう」と告げた。同時に、今後さらに続けて新四軍との連携を強化し情報交換を行ないたいと言った。(中略)李士群の紹介により、潘漢年は李士群の軍事顧問で日本の華中派遣軍謀略課課長である都甲大佐と会う羽目になってしまった。李士群が言うには、都甲は津浦、滬寧沿線の清郷工作を管轄する日本軍側の人物だとのこと。潘漢年は、まあ、彼と話してみてもいいだろうと思い、拒絶しなかった。潘漢年はまさに日本軍側の目下の軍事形勢と考え方に関して都甲から直接聞いてみたいと思っていた。その結果、胡均鶴の同行のもとに、日本軍官の住居で都甲に会った。互いに自分たちの状況に関して話しあい、かつそれに対する考え方を説明した。

都甲「清郷の目的は社会治安の強化にある。日本側がいま最も注目しているのは津浦線南端の鉄道運輸に関する安全だ。少なくとも新四軍がこの部分の鉄道交通を破壊しなければ、日本側は新四軍との間に緩衝地帯を設けることを希望する」

潘漢年「新四軍の発展は非常に速い。現在、農村根拠地を着実に強固なものとして拡大している。日本軍側は新四軍に一定の生存条件を与えなければならない。さもなかったら、（中共の）ゲリラ隊がいつでも鉄道交通線を襲撃し破壊することになるだろう」

おおむね以上のような会話が成されたことが書いてある（傍線は筆者）。一方、1年後に出版された『潘漢年傳』では、傍線部分がかなり違っており、「潘漢年と汪兆銘を会わせたことを日本軍側に報告しておかないと奇妙に疑われるといけないので、李士群が日本軍側に報告したところ、都甲大佐と会うことになった」と弁明している。このように都甲に会った理由が二転三転していること自体、何かを隠そうという意図があるからだ。隠さなければならないのは、「日本軍と会うように指示したのは毛沢東であった」という事実である。毛沢東の指示なしに動くということは、あり得ないのだから。

そもそも傍線内だけでも、やや整合性に欠ける。潘漢年は「都甲大佐と会う羽目になったこと」を「仕方ないと思っている」が、それでいながら、「まさに都甲から直接聞きたいと思っていた」というのである。「羽目になった」から「仕方ない」と諦めたのか、それとも「まさに都甲に会いたいと〝積極的に〟思っていた」のか。もちろん「会いたいという気持もなかったわけではなかったから、いやだったけど拒絶しなかった」という論理は成立しないわけではない。しかし「まさに、～したかった」という表現に、毛沢東からの指示があったので積極的に会おうとしていた形跡が窺われるのである。

このように何か不自然と思われる部分は、基本、「ある真実」を覆い隠しているのである。ここにご紹介した文面からだけでもご想像いただけるように、要するに毛沢東は汪兆銘政権に軍事委員会があり、軍事顧問として日本軍がいることに、きちっと目をつけていた。だから積極的に潘漢年に「李士群を通して都甲大佐に接近し、中共軍と日本軍との間の不可侵交渉をせよ」と命じたことが読み取れる。

潘漢年伝記の作者（およびその協力者たち）は、潘漢年が汪兆銘に会ったことを毛沢東に報告しそびれたことを口実に逮捕投獄され獄死してしまったことを悔しがり、潘漢年の名誉回復をしてあげなければという友情と厚意から、これらの伝記を書いた。

しかし、それが裏目に出ている。汪兆銘に強制的に会わせられたという方向にストーリーを持って行かなければならないために、ついつい、都甲大佐との会談という、書かなくてもいいことまで書いてしまった。このことがかえって毛沢東の意図を鮮明にしてしまい、かつ潘漢年の行動に、たとえ毛沢東の命令だったとはいえ、さらに「売国奴的要素」を加味させる結果を招いている。

都甲と潘漢年の会話から、誰でもこれこそが「和議」であることが読み取れる。

それとも、ひょっとすると、潘漢年に関する本の作者らは「どうか行間から真相を読み取ってくれ」というシグナルを必死で出していたのだろうか？　そう考えたくなるほど、行間には「毛沢東が日本軍や汪兆銘と共謀するよう命じたんだよ！」という「文字化してないが、そう解釈する以外にない明らかな情報」が溢れすぎているのである。

潘漢年と同時に逮捕された中共スパイだった揚帆は、やはり毛沢東の指示により、岡村寧次大将の部下と接触を持っているが、この事実の方はやや複雑で、日本側からの申し出なのか、それとも中共側からの申し出なのか、慎重に検証しなければならない。

ただ、もし中共側が主張するように、日本軍からの申し出だったとするなら、揚帆を逮捕投獄して口を封じる必要はなかったはずだ。それでも先入観なしに分析を試みる。

中共、岡村寧次大将に接触

第四章で、2013年5月15日付中国共産党新聞網の「党史」のページに「抗日戦争期、中共が秘密裏に日本軍の岡村寧次総部と接触していたことに関する真相」が特集してあることをご紹介した。この記事を書いたのは趙連軍という人物だが、個人名が書いてあるからといって、「なんだ、ブログじゃないか……」などと考えてはいけない。彼は江蘇省宿遷市紀律検査委員会七組に属する中共地方組織の一人だ。紀律検査委員会は、党員が中国共産党の党規約に違反したか否かを見張る組織で、最高トップには中共中央紀律検査委員会がある。その書記が王岐山。習近平政権のチャイナ・セブン（中共中央政治局常務委員会7名）の中の一人だ。いま腐敗問題で采配を振るっている。

この記事が出たのは2013年5月に入ってからなので、チャイナ・セブン系列からの指示と許可があったものと思われる。担当はチャイナ・セブン党内序列ナンバー５の劉雲山・中共中央精神文明建設指導委員会主任。中共中央がいま何にピリピリしているかをうかがわせる。

その記事の最初に出てくる「弁解」には、１９８９年５月に（中共検閲下の大陸の）群衆出版社（北京）から出版された『揚帆自述』の中に出てくる新四軍（中共側）と日本陸軍の岡村寧次大将総部との接触が取り上げられ、これは「和議ではなく、中共軍が日本軍と戦うために日本軍から情報を聞き出すための接触であった」と書いてある。

１９１２年生まれの揚帆は、北京大学を卒業した文学青年で、１９３７年に中国共産党に入党した。以後、中共新四軍で劇団や文化活動などに参加していたのだが、１９４４年10月に中共中央華中局・敵区工作部部長に任命された。このとき中共中央からの命令で日本陸軍の岡村寧次（支那派遣軍総司令官）総部と接触を持ったのだが、新中国誕生後の１９５５年に毛沢東の指示により逮捕投獄された。毛沢東逝去後の１９８０年に名誉回復され、幸い生き残っていたのだが、過酷な牢獄生活と精神的なダメージで体を壊し失明してしまっていたため、口述したものを妻に筆記させ、書き上げたのが『揚帆自述』という本だ。１９８９年５月（天安門事件発生の前の月に）、北京にある群衆出版社から出版されている。

その本の中で、揚帆はつぎのように書いている。以下、敬称はすべて省略し、肩書や名前などは『揚帆自述』に準拠する。

1．1945年6月、岡村寧次総部は、監獄から中共のスパイ・紀綱を釈放し、新四軍に派遣して、中共軍と話がしたいと伝えさせた。中共中央華中局代理書記兼新四軍政治委員の饒漱石は揚帆に紀綱の対応をするよう命じた。

2．紀綱は南京から岡村寧次総部の、中国の便服に着替えた3人の日本人を約束の地点・六合県竹鎮に連れてきた。一人は「立花」という名前で曾て憲兵隊長を務め、その時は岡村寧次総部参謀処二科対共工作組組長だった。あとの二人は「原」という名前と「梅澤」という名前だった。中共側は揚帆のほかに彭康（華中局宣伝部長、日本留学経験あり）と梁国斌（軍保衛部長）が会談に参加した。

3．日本側は「部分的和平」を要求してきた。中共側は拒絶した。日本側は自分たちの職位が低いために中共側が承諾しないのだと思ったらしく、「追って中共側から代表を南京に派遣して岡村寧次総部首脳と直接話をするというのはどうか」と提案してきた。念のため日本側3人のうち、一人を人質として中共側に預けるので、信用してくれと言った。

4. 中共の軍部は揚帆に、この3人の日本人とともに南京に行くように命じた。紀綱夫妻も揚帆に同行した。南京では日本軍将校の軍官招待所に案内された。翌日、日本軍の華中派遣軍総司令部の参謀処二科主任参謀（代理科長）「喬島」が、尾崎大佐の名代として宴会を催し中華料理で揚帆らを歓待した。日本側は400リットルのガソリンを中共側にプレゼントするので、乗ってきた車で南京見物でもしてはどうかと言った。

5. 翌日、日本軍華中派遣軍の副総参謀長・今井武夫が中山路にある元国民党政府鉄道部の大きなビルの中でわれわれを接待した。茶菓子が出た。今井は「皖南《かんなん》新四軍の政治幹部が南京の牢獄にいるが、何なら彼を釈放しようか」と持ちかけてきた。この幹部は裏切り者なので、われわれは要らないと断った。今井は続けて「日方は華中において、中共側と部分的和平協議を達成したい」と言い、その証拠に、「八つの県を中共側に差し出してもいい」と提案してきた。今井はさらに「華中の局面には、まもなく大きな変化が起きるだろう。できることなら日本側と中共側が協力して、米英と蔣介石に対抗していきたいと思うが、どうだろうか」と打診してきた。揚帆は今井に「私はあなた方の建議をお聞きするのは構いませんが、しかしこの問題に関して具体的に論議することはしたくありません」と回答した。

6．すると、その翌日、今度は総参謀長の小林浅三郎が岡村寧次の名代として顔を出し、西洋料理で中共側を接待した。彼は具体的な話はできないと判断したらしく、「われわれは互いに友好的な意向はあるが、具体的な問題に関してはまた話すことにして、今後、連絡を密にするように希望する」とだけ言った。

ここまで具体的に書いているので、実際にこれに近いことがあったのかもしれない。ただ、揚帆の本に登場する日本軍側の軍人名に関しては、正しい記述もあるが、まちがっているものが少なくない。また果たして、紀綱なる人物を、本当に日本軍側が主導的に釈放して中共側に派遣し和平工作をしようとしたのか否かに関しては、日本側の資料と突き合わせてからでないと何とも言えない。

そこで今井武夫のご子息である今井貞夫氏が著している『幻の日中和平工作　軍人今井武夫の生涯』（中央公論事業出版、2007年）や『支那事変の回想』（今井武夫著、みすず書房、1964年）をはじめとして、『支那派遣軍総司令官　岡村寧次大将』（舩木繁著、河出書房新社、1984年）、『岡村寧次大将資料　戦場回想篇』（稲葉正夫編、原書房、1970年）などに目を通した。しかし、どこにも『揚帆自述』に書いてあるような新四軍との接触に関しては書かれていない。

そこでやむなく、今井武夫のご子息・今井貞夫氏とご連絡を取らせていただき、かかる事実があったか否かを調べていただいた。なんといっても今井貞夫氏は、今井武夫が残したという5000点以上の資料を所持しておられるという。その結果、以下のようなお返事を頂いた。

「ご依頼の件、かなり調べてみましたが、そのような事実は確認できませんでした。特に父、今井武夫に関する限り、かかる事実はなかったかと思われます」とのことである。

あれだけ詳細に資料を残していた今井武夫が、揚帆が書いているような事実を記していないということは、一つにはそういう事実はなかったと推測され、またあったとしても今井貞夫氏が仰っている通り、少なくとも今井武夫ら側から呼び掛けたということではないのではないかと推測されるのである。なぜなら、どうも奇妙なことがあるからだ。

実は、『揚帆自述』は、「紀綱はもともと、共産党員だった日本人・中西功《つとむ》が194

2年にゾルゲ事件で逮捕されたときに中共の仲間として供述した数名の中国人の一人だった」と書いている（34頁）。紀綱はそれにより中国で逮捕され岡村寧次総部の監獄に収監されていたのだという。

2013年5月15日の中国共産党新聞網では、この「中西功」の名前が、なぜか「西里竜夫」という名前になっている。中西功も西里竜夫も中共地下組織のメンバーとして毛沢東に協力し、延安の中共中央指導部に日本軍に関する情報を提供していた。中西も西里も東京警視庁で激しい拷問に耐えながら死刑判決を受けるのだが、何も吐いていない。死刑執行日前に日本が敗戦したためにアメリカ占領軍により釈放され、手記を残している。その頑強な抵抗の仕方から見て、とても軽々しく仲間の名前を吐いたとは思えないのだ。とすれば、南京の岡村総部がわざわざ紀綱を監獄から釈放して新四軍に派遣したという前提がおかしいのではないかという推測も成り立たないではない。

その証拠に、『揚帆自述』の38頁に、1945年8月13日に、アメリカのラジオ放送が「日本がポツダム宣言を受諾した」というニュースを放送しているのを知った中共新四軍・華中局は、翌14日に揚帆と紀綱に緊急に南京の岡村寧次総部に行って、降伏を受諾して来いと命令している。

第二次世界大戦中の日独伊三国同盟は、早くも1943年10月のイタリアの離脱と連合国側への降伏によって崩れ、また1945年5月のナチス・ドイツの降伏によって消滅していた。日本はただ一国で、世界全体を相手とするがごとく連合国側と戦わなければならなかった。日本の降伏は秒読み段階に入っていた。

それを先読みできないような毛沢東ではない。日本敗戦となれば、その武器を蔣介石側が取るか、それとも毛沢東側が取るかで、その後に続く国共内戦の趨勢が変わってくる。武器だけでなく、「元日本軍の軍人たち」も毛沢東としては欲しい。だから降伏受諾を、国民党ではなく中共側で実行しようと計算したのは当然のことだろう。

揚帆が南京に着いたときには、すでに8月15日になっており、天皇陛下の玉音放送が流れていた。このとき、揚帆と紀綱は奇妙な行動を取っている。揚帆は地位的に紀綱のずっと上で、このとき中共中央華中局・敵区工作部部長だった。降伏受諾などという正式なことをやりたいのなら揚帆が行くべきなのに、揚帆は民家に隠れて、紀綱を岡村総部のところに行かせて、6月に会った「立花」ら3人の日本の軍人との交渉をさせるのである。紀綱は朱徳総司令官の岡村寧次に対する「日本軍は新四軍に対して武器を引き渡して投降せよ」という命令書を日本軍側に渡した。しかし日本軍側は「ポツダム宣言の規定により、日本は（蔣介石の）国民政府に対してのみ投降することと決められているので、どうかご理解願いたい」と武器の受け渡しを断ったとある。

つまり筆者が考えたのは、まもなく敗北する日本軍の武器を受け取るために、毛沢東は敗戦まぢかの日本軍と揚帆たちを接触させたのではないかということである。

一方、前述の『岡村寧次大将資料　戦場回想篇』13頁には以下のような記述がある。

中共軍は、陝西省延安に本拠を置き、北支蒙疆一帯に散在し、その新四軍は江蘇省北部に蟠居《ばんきょ》（ルビは筆者）していたが、その他の中支や南支には存在していなかった。

八月十五日午後四時頃、早くも南京の派遣軍総司令部門前に、新四軍軍使と称する章克という男が来て総司令官に面会を強請した。この報告に接した今井総参謀副長が衛兵司令をしてその用件を質さしめたところ、日本軍の兵器接収に関して協議するためだと答えたので、面会を拒否して立去らしめた事実があった。

たしかに新四軍の遣《つか》いが岡村寧次総部に来てはいる。しかし使者の名前も違えば、目的は兵器接収だ。同資料にはさらに岡村大将の記録として、「中共側が敗戦色濃くなった日本軍に対して武器を引き渡せと、各地で動き始めた」という事例が豊富に書いてある。

ということは、揚帆らがもし日本軍総部と接触していたとしても、その目的はあくまでも日本敗戦が決定的となった瞬間に一刻も早く日本軍から武器を収奪しようということが目的だったのではないだろうか。そのためにはできるだけ日本軍占領地区の近くにまで潜り込んで待機していなければならない。日本軍の陣地の様子も掌握していなければならないだろう。そこで日本軍に攻撃されないようにするために、中共軍にとっては日本軍との「部分的和議」が、それまで以上に必要であったと考えるのが妥当だと判断される。

別の角度からのこの謎を解くカギは「饒漱石」という人物にある。揚帆の場合も、そして潘漢年の場合も、ある日突然「饒漱石」から指示を受けているという共通点に、われわれは注目したい。そして新中国が誕生すると、饒漱石を皮切りに、潘漢年も揚帆もその他数えきれないほどの協力者も、日本軍および汪兆銘政権と接触を持った者はすべて一網打尽に逮捕投獄された。もし毛沢東が、そして中共中央が「やましいこと（中華民族に申し訳が立たない売国行為、少なくとも中華民族を売り渡す行為）」をしてなかったのだとすれば、なぜ関係者すべてを殺さなければならなかったのか。

スパイ派遣の極秘命令系統の要であった饒漱石は、新中国誕生後に、もっとも早く逮捕され獄死している。１９５３年春に謀反の嫌疑をかけられ54年夏に投獄された。潘漢年と揚帆は２週間ほどずれているが、１９５５年４月に「敵に密通した売国奴」としてほぼ同時に投獄され、袁殊も連座となった。このとき連座となったのは１０００名以上。

中共側資料に書いてあることが事実なら、少なくとも揚帆を投獄する必要はなかったはずだ。

毛沢東と日本軍との共謀および饒漱石の役割に関して、毛沢東の政敵・王明が、死ぬ間際に残した毛沢東との会話の実録が、真実を語ってくれている。そこには毛沢東が饒漱石を通して秘密裏に日本軍側と接触するよう指示を出したという事実が書いてある。

その実録に入る前に、一つだけ、揚帆問題を調べる過程における「拾い物」のご紹介をしておきたい。２０１３年、ネット空間に、１９４７年７月24日付『時事公報』の「毛沢東と岡村寧次の売国密約」という古びた新聞記事の写真が貼り付けられて、ネットが炎上したが、１９４７年７月23日付の岡村の日記には、それが捏造記事であったことが書いてあった。中共側があまりに偽情報ばかり流すので、怒った国民政府系新聞の若い記者が腹いせに書いたそうだ。

政敵・王明との口論の実録

中国において王明（１９０４年～１９７４年）は、教条主義者とか左傾冒険主義者などとして、まるで「極悪共産党員」のように酷評されてきた人物だ。マルクス主義における「教条主義」とは「歴史的情勢を無視して、原則論を機械的に適用しようとすること」を指すが、なんのことだか分からない。平たい言葉で言うならば、要は「毛沢東が最も嫌った人物」ということである。

なぜ嫌ったかといえば、王明はモスクワの中山大学で学んだエリートの典型のような人物で、ロシア語がペラペラなだけでなく、コミンテルンの言うままに動いたからだ。おまけに毛沢東よりも5年もあとに入党しておきながら、先に中共中央総書記になっている。コミンテルンが嫌いで、ソ連のスターリンが（本当は）嫌いな毛沢東は、モスクワの忠誠な使者、王明が「ものすごく！」気に入らない。

しかし第三章（本書96頁）で触れた「八一宣言」を起草し、中共を「反蔣抗日」から

「聯蔣抗日」へと方針転換させたのは王明で、その結果西安事件を起こさせたのは、毛沢東にとっては非常にありがたいことだったはずだ。それでもなお、毛沢東と王明の対立には実に激しいものがあった。

このままでは殺されると思ったのだろう、王明は1956年に病気治療を口実にしてモスクワに行ってしまい、二度と中国には戻らなかった。事実、彼は体を病んでいたのだが（延安で毛沢東に緩慢な効果を示す毒を「薬」として毎日もられていたことも原因の一つだが）、生前、毛沢東との口論を含めた手記を残している。人生最期の力を振り絞り、最後は口述で妻に筆記させ、1974年に息を引き取った（毛沢東があれだけ多くの革命の仲間を惨殺しながら王明を殺せなかったのは、モスクワの眼があったからであろう）。

手記が出版されたのは、その翌年の1975年で、ソ連国家政治書籍出版社からロシア語で出版されている。タイトルは『中国共産党五十年と毛沢東の裏切り行為』。その内容は実にストレートで、激しい。

まさかこのままのタイトルをつけるわけにはいかなかったのだろう、『中共50年』と変えて、2004年に中国語に翻訳されたものが北京で出版された。それも中共系の東方出版社からの出版である。内部出版として、一部の党員が閲覧するのみに限られていたが、そんなことをされれば、いっそう読んでみたくなるのが人情というもの。結果、多くの中国人が読むところとなった。

この『中共50年』の第三編「文化大革命と、毛沢東の帝国主義との協力方針」の第二章に、「毛が帝国主義と協力する現行方針の根源」が書いてある。この場合の帝国主義は「日本帝国主義」のことを指す。

186頁～190頁には毛沢東と王明の口論が対話形式で書いてある。その対話の背景を、まず少しだけご説明しておこう。

1940年10月2日の真夜中に、翌日（3日）発刊の中共中央機関紙「新中華報」の最終校閲版を、その編集担当者が王明のところに持ってきた。そこには「独（ドイツ）・意（＝伊＝イタリア）・日・蘇（ソ連）の聯盟を論じる」という大見出しがあった（カッコ内の注釈は筆者。以下は日本人の目になじんでいる「独伊日ソ」を用いる）。「この文章は誰が書いたのか？」と王明は編集員に尋ねた。すると編集員はつぎのように答えたという〔以下、（　）内は筆者注〕。

毛沢東同志です。実は本日の午後、新聞社と中央宣伝部の何名かの同志との会議がありました。会議で毛沢東は「国際舞台においては必ず〝独伊日ソ〟聯盟路線を貫かなければならない。国内においては日本と汪精衛（＝汪兆銘）との統一戦線をこそ建立しなければならない」と宣言しました。会議ではまた、毛沢東はすでに『独伊日ソ聯盟を論ず』という社説を書いて終わったと宣言し、つぎの〈新中華報〉に載せることになっていると言いました。こんな大きな問題なのに、政治局の同志たちとの話し合いはなされていなかったのですか？

「わかった！　よし、それなら私が毛沢東と直接話をする」

王明はそう言うなり、毛沢東に会いに行った。毛沢東はこういう会議を開いたことを認めた。その上で、王明と毛沢東の口論が始まる。以下はその実録である。

毛沢東：スターリンとディミトロフは、英米仏ソが独伊日に対する反ファシスト統一戦線を組むべきだと建議している。しかし事態の発展は、この建議はまちがっていることを証明している。やるべきは英米仏ソ聯盟ではなく、独伊日ソ聯盟だ。

王　明：なぜ？

毛沢東：独伊日はみな貧農だ。彼らと戦って、なんの得があるっていうのかね？　われわれが勝利しても大した利益は得られない。英米仏は富豪だ。特に、英国、あの国はどれだけ巨大な植民地を持っていると思うんだい？　もし英国を打ち破ることができたら、その植民地の中から莫大な収穫を得ることができる。私がこのように言えば、君は私を親ファシスト路線の人間だと言うつもりだろ？　違うかね？　そんなこと言われても、私はこわくないんだよ！　少なくとも中国は、日本人や汪精衛と統一戦線を組んで蔣介石に反対しなければならないんであって、決して君が建議するところの抗日民族統一戦線なんて、やるべきじゃない。だから、君はまちがっている。

王　明：私のどこがまちがっているって言うんだい？

毛沢東：どっちみち、われわれは日本人に勝てやしないんだよ。なのに、なんで日本人と戦ったりなどするんだい？　一番いいのは日本および汪政権と組んで蔣介石を打倒することだ（筆者注：この部分の中国語は「最好是聯日聯汪打蔣介石」。187頁)。考えてみろよ、蔣介石は西南と西北に、あれだけ広大な地盤を残しているんだよ。もし蔣介石を打倒することができたら、われわれは西北のあの広大な勢力範囲をわがものとすることができる。そうなりゃ、大きな暴利をわれわれは手にすることができる。わかってるよ、君は私が民族を売り渡す親日路線を執行しようとしていると言いたいんだろ? 私は怖くない。私は民族の裏切り者となることなど、少しも怖くはないんだよ、わかったか!

王　明:こんな重要な国際的および国内問題を、あなた一人で決定を出すなどという、いかなる権利も、あなたにはない。私とあなたの議論もまた、これによって何かを決議するということはできない。党の正常な方法で、この問題を解決すべきだ。いますぐあなたの意見をスターリンおよびディミトロフに打電して報告し、中央政治局会議で討論してから決めるべきだ。

毛沢東:いまは打電することはできない。そんな電報を出したら、尊敬を受けているあの二人のご老人たち(筆者注:スターリンとディミトロフ)を怒らせてしまう。これは冗談じゃないんだ。ついでに言っておくが、この問題をすぐさま政治局会議にかけることにも、私は同意できない。

王　明：なぜだ？

毛沢東：まだ機が熟してないからだよ。

真実を知るものはすべて消す

二人の会話は延々と続くが、会議の手続きに関することなので、この辺にしておいて、この会話に対する王明の解説と分析を見てみよう（完全な逐語訳でなく、日本人に分かりやすいような言葉に変えて、意訳を試みる）。

なぜ毛沢東が「独伊日ソ」聯盟などと主張するか、その目的を明らかにしよう。彼はこのスローガンによって、ある事実を隠蔽しようとしているのである。それは「毛沢東は民族を売り渡す親日路線を歩んでいる」という事実だ。この事実を隠蔽するためには「日本とソ連とが連携する」という概念を植え付ければ、毛沢東が親日路線を歩んでも、共産党を裏切ったことにならないように見える。そしてすべての部隊に「抗日戦争を停止せよ」と命令することが正当化されるのである。こうすれば、国内で（同じ中華民族である）国民党軍を攻撃する正当性も出てくる。なぜなら日本はその「中国」（中華民国＝国民政府）と戦っているので、日本が中共の仲間であるソ連と共謀しているのであれば、中共は日本と共謀して良いという理論になる。

一方で、毛沢東は、「独伊日ソ」聯盟を主張することによって反ファシスト陣営におけるソ連の威信を破壊しようとしているのである。

国内政策に関しては、毛沢東は事前に党中央政治局に知られないようにしていた。個人的に中共中央軍事委員会の無線通信を通して、新四軍の政治委員・饒漱石に指令を出し、饒漱石の名義において代表を派遣し、日本軍の代表とか汪精衛（汪兆銘）らと共謀して蔣介石を倒す交渉をしていた。同時に日本軍や汪精衛の軍隊を攻撃する軍事行動も停止するよう命令していた。（中略）

蔣介石はそのことを知っていたので、毛沢東と日本軍・汪精衛軍との共謀を報道して反共宣伝をしていたが、人民は「中国共産党こそは抗日戦争に立ちあがり民族のために戦っている」という中国共産党の宣伝を信じていたので、効果がなかった。また日本軍も汪精衛もまた、まさか毛沢東が第二の汪精衛になり、中共中央指導者から〝秦桧〟（宋朝の民族の裏切り者）が生まれ出るとは思っていなかった。（中略）

１９５５年になり高崗や饒漱石らが逮捕されただけでなく、潘漢年や胡均鶴など饒漱石から指示を受けて日本軍や汪精衛政権と接触した全ての者が逮捕投獄されたが、毛沢東の目的はただ一つ。「毛沢東が行なった民族を売り渡した行為の証言者をこの世からすべて消し去ること」であった。

こんなすごい証言があるだろうか。もう何も語る必要はないくらいだ。

岩井英一が潘漢年の「日本軍と中共軍との間の停戦要求」を、あまりに驚いたために回想録に明記しているが、それと同じ程度に、決定打とも言える証言である。

最期は執筆をする力もなくなり、口述で残したという王明の執念。まさに命を懸けた記録だということができる。よくぞ残してくれた、と言うしかない。

それに、この分析力。王明の論理性の高さには、目を見張るものがある。それ故にこそ、毛沢東は何としても王明を排除したかったのだろう。

ただ、毛沢東の「独伊日ソ」同盟に関しては、実はこのころ第二次近衛内閣の外務大臣（１９４０年7月～41年7月）を務めていた松岡洋右が、ソ連を枢軸国側に引きいれる四国同盟を模索していた。結果、１９４１年4月13日に日ソ中立条約（日ソ不可侵条約）を結ぶのだが、その意味で、「独伊日ソ」のうち、「日ソ」の部分に関しては、毛沢東は正しかったことになる。「日独伊」三カ国同盟と「日ソ」同盟があれば、それは「日独伊＋日ソ＝日独伊ソ」の四カ国同盟ができあがったのに相当するからだ。

日ソ不可侵条約は国共合作により日中戦争を戦っているはずの蔣介石にとっては、果てしない裏切り行為につながる。なぜなら、ソ連が敵国日本と連携すれば、結果的に中共が日本と同盟を結んだことに等しいからだ。しかし毛沢東の主張は、ある意味正しかったことになる。そして王明の毛沢東に対する非難「聯日聯汪打蔣」も正しかった。

蔣介石はその日記や『中国のなかのソ連——蔣介石回顧録』（蔣介石著、毎日新聞外信部訳、１９５７年）の中で、数多く「中共軍が日本軍と共謀している」事実を具体的に書いている。

たとえば１９４１年5月に山西省晋南の中條山における日本軍と国民党政府軍との戦いで、山西省北部にいた八路軍が、日本軍と示し合わせて国民党政府軍を挟み撃ちにしたのである。これは潘漢年が岩井英一に「中共軍と日本軍の間に停戦」を申し入れ、重慶の国民党政府軍の軍事情報を盛んに日本側に高額で売り渡していたときのことである。

さらに蔣介石は回顧録の中で、はっきりと「共産党は（国民党重慶）政府軍の軍事上の部署や作戦計画を日本軍の特務機関にもらした」と明記している。

岩井英一の回顧録と王明の手記、そして蔣介石の回顧録——。

この三つが「いかにして毛沢東が日本軍と共謀し、中華民族を売っていたか」を証言しているのだ。この三つともが、互いに相手が何を書いているかを知る由もなく、自分自身の手記にそれぞれの思いを独自に書いている。その内容がすべて一致するというのは、恐るべきことではないか。

これ以上に厳然たる事実があり得るだろうか——。

これをさえ事実として認める勇気を中国人民が持ちえないとすれば、それは「歴史を直視する勇気」を持てないということに等しい。日本であれ、中国であれ、「真実を直視する勇気」を持たなければならないことに変わりはない。

第七章　我、皇軍に感謝す――元日本軍人を歓迎したわけ

日本軍民の帰還に集中しすぎて後手に回った蔣介石

1949年10月1日に新中国、すなわち中華人民共和国が誕生するが、日本敗戦から新中国誕生までの間にあった国共内戦に関して、まずは概観しなければならない。

日本軍に停戦密約を要求しながら交換条件として日本が戦っている中国＝重慶政府の国民党軍の軍事情報を日本に売り、日本の占領地区の「面」で民衆動員に力を入れていた中共軍は、日本敗戦と同時に日本軍に武装解除を求めた。日本軍が持っている武器を奪取するために、日本敗戦の色が濃くなるにつれ、すでに中共軍はじわじわと日本軍占領区に潜り込み、ほぼ「同居」していた形になる。これは中共軍と日本軍の間に「不可侵の和議」がなかったら、あり得ないことだ。

毛沢東は大きな戦いをすることを中共軍に許さなかったが、小さな戦いをしては、それを大きな成果として宣伝し、民心をつかむことに成功していた。そして日本敗戦のこの瞬間に日本軍から武器を奪うという戦略を着々と進めていたのである。

『岡村寧次大将資料　戦場回想篇』は終戦直後の中国における様子を以下のように書いている。

中支（江蘇省北部を除く）と南支では終戦後ほとんど一発の銃声も聴かなかったのに、北支方面、江蘇省北部に在ったわが軍においては共産党軍の攻撃に対する自衛戦闘のために、実に合計七千人の死傷者を生じたのであった。中共軍の無法の要求、無法の攻撃の如何に多くあったかを推知し得るのである。

文体が古いので簡略化すれば、そのあと延々と「降参している日本軍に対して、いかに激しく中共軍が武装解除を要求してきたか」が書かれている。

ポツダム宣言では、日本が降伏する相手は「中華民国」となっている。日本国は1945年8月14日にそれを受諾したので、武器は重慶の国民政府軍に渡さなければならない。

8月15日、「終戦詔書《しょうしょ》」と呼ばれる天皇陛下の玉音放送があった1時間前に、蔣介石は「抗戦勝利にあたり全国軍民および全世界の人々に告げる書」という勝利宣言を、重慶の中央放送局から中国全土と全世界に向けて放送した。この中で、8年間にわたって中国人が受けた苦痛と犠牲を回顧し、これが世界で最後の戦争となることを希望するとともに、日本人に対する一切の報復を禁じた。いわゆる「以徳報怨（怨みに報いるに、徳を以てせよ）」と言われる演説である。蔣介石はまた日本軍に対して「武装解除はわが軍が行なうので、それまで待機してほしい」と指示を出し、中共軍に対して武器を渡すことを禁じた。

岡村寧次は蔣介石の演説に深く胸を打たれた。アメリカ大統領のトルーマンが「われわれは決して真珠湾を忘れない」と言い、ソ連のスターリンが「これで日露戦争の仇が討てた」と言ったのに比べ、なんという東洋的道徳の高さを持っているのかと、蔣介石を尊敬した。そのため、いさぎよく蔣介石の命令に従うべく、全日本軍に「これ以上は絶対に戦ってはならない」ことと、「すべての武器は、戦った相手国である中華民国の重慶国民政府軍に渡すこと」を厳重に命令した。これを徹底して守らせたため、蔣介石もまた岡村寧次に感謝し、ここで友情が結ばれるのである。

1945年9月9日、投降調印式が行われ、岡村寧次は重慶政府国民党軍の何応欽《かおうきん》総司令に対して正式に投降書に署名した。何応欽はかつて日本の陸軍士官学校に通ったことがあり、岡村寧次とは先輩後輩の仲で友人でもあった。岡村は中国の友人の中でも最も親しい一人である何応欽に降伏することが、せめてもの救いだったと書いている。

蔣介石は岡村らが味わっているであろう屈辱感への配慮から、岡村らを「捕虜」と呼ばずに「徒手官兵」と称した。徒手官兵とは「武装していない将兵」という意味である。そして元日本軍（100万人強）と中国居留日本人（130万人強）を日本に引き揚げさせるべく、岡村を「日本官兵善後総連絡部長」に任命したのである。敗戦の将、岡村のプライドを保ってあげたのだ。

その後約1年間にわたる元日本軍の復員と日本居留民の引き揚げ作業が優先的に行なわれた。このために国民党軍の移動や物資補給に必要な列車や船を総動員したため、終戦後に始まる国共内戦に対して、スタート時点で国民党軍は中共軍に遅れを取ってしまう。

何応欽は、「日本兵の復員のために中華民国が所有していた船舶の8割を割き、列車も7割から8割は日本人の引き揚げおよび元日本軍の復員に当てた」と回顧している。

蔣介石自身も、敵軍捕虜をここまで保護して1年後には100万に上る捕虜を全員本国に送り届けたという例は、世界史上、初めてのことだろうと書いている。しかし、この1年間のロスが、日中戦争で第一線に立って戦いボロボロに疲弊していた蔣介石軍に、どれだけ大きなダメージを与えたか、想像に難くない。

蔣介石があのとき、元日本軍の復員と日本人居留民の日本帰国を優先したことが、私たちのとなりに中国共産党が統治する国が生まれてしまった原因の一つなのである。日本人は、この事実を絶対に忘れてはならない。

このことが実は、本章のタイトルである「毛沢東が元日本軍人を歓迎したわけ」にもつながるので、岡村寧次に関しては本章の最後で、もう一度詳述する。

「長春を死城たらしめよ！」

蔣介石には不利な状況が重なっていた。

戦時中、アメリカのルーズベルト政権内では、コミンテルンのスパイ（ロークリン・カリー大統領補佐官、ハリー・デクスター・ホワイト財務次官など）が暗躍し、延安で毛沢東に会い毛沢東を絶賛したジャーナリストたち（アグネス・スメドレーなど）が影響を及ぼしていた。そのためルーズベルトは完全に「共産党陣営」の虜になっていたのだ。

だからルーズベルトはソ連を信用し、ソ連の対日参戦を望み、蔣介石には内緒でヤルタ会談において米ソ秘密協定を結んでいる。ソ連の対日参戦を交換条件として、ルーズベルトはスターリンに千島列島や樺太などの日本領土を渡すと約束した（いま現在もなお、北方領土問題として日本に宿題を残したままだ）。

蔣介石にしてみれば、なんとしても「満州」を共産主義陣営にだけは渡したくなかった。そうなれば、中共側が勝ってしまうからだ。しかし米ソ・ヤルタ密約は蔣介石には知らされていなかった。そしてソ連はその密約通り、終戦間際の8月8日になって日ソ不可侵条約を一方的に破って宣戦布告し、9日未明に中国の東北地方（当時の満州国）に攻め込んできたのである。

そのとき筆者は「満州国」の首都だった「新京」（現在の吉林省長春）にいた。「新京」が「長春」という名称に戻るまで、以下しばらく「新京」の文字を使う。

関東軍司令部はこの新京市のやや西方にあったが、関東軍はソ連国境にいる130万を超える開拓団と新京に居留する日本人を置いて、自分たちだけ南に逃げてしまったのである。まだ日本が敗戦したと分かる前に、関東軍司令部は空っぽになっていた。関東軍の中には開拓団の保護を唱えた者もいたようだが、結果として置き去りにした。

この現象は筆者の目の前で起きたことであり、その後の国民党軍、ソ連軍および中共軍の行動を実体験しているので、どのようにして中華人民共和国が誕生したかを、筆者の体験に基づいてご紹介したい。

筆者が新京市で生まれたのは、父が麻薬中毒患者を治癒する薬を発明し、中国にいる多くのアヘン中毒患者を治癒するために中国に渡っていたからだ。

新京市がやがて元の長春市に戻ったころ、ソ連軍に追われて南下した開拓団の避難民が長春の街に溢れ、室町小学校などに収容されたが、収容しきれない難民を父は製薬工場に住まわせ、面倒を見るようになる。

長春市はソ連軍による支配を受け、筆者の家（工場の2階）の向かいには興安大路《こうあんたいろ》（大きな通りの名前）を挟んでゲー・ペー・ウー（GPU）というソ連の秘密警察（国家政治保安部）の拠点が設置された。ほどなく、共産党と敵対するはずの国民党軍も長春入りした。この軍隊は旧満州国の鉄石部隊と、改編した現地即製の小部隊ではあるものの、

「中央軍」と呼ばれて、それなりに国民党政府を構成していた。父の工場は、この国民党政府に接収された。

ソ連軍は毎日のように略奪強姦をくり広げ、市民を恐怖に追いやった。彼らの腕には番号の入った入れ墨が刻まれており、シベリヤの流刑囚が多かったと言われている。

1946年になると、その興安大路を北に向って移動するソ連軍の巨大な軍用トラックが目立つようになる。長春およびその近郊にある工場の部品など、重機を根こそぎ奪って引き揚げていったのである。蔣介石は日本軍が残した設備を持ち去ることを禁じていたが、そのような指示に従うソ連軍ではない。

つぎに何が起きるのだろうかと、市民は息を潜めた。その不気味な静けさを破ったのは銃声であった。毛沢東が率いる中共軍、すなわち八路軍が攻撃してきたのだ。

市街戦も終わりに近づいた4月16日、八路軍の流れ弾が腕に命中し、筆者は気絶した。気がついた時には、長春市は八路軍によって支配されていた。工場には30人ほどの八路軍が入ってきて、「何も取らないから、食事と寝る場所をくれ」という。母たちは必死になって食事の用意をし、2階の部屋すべてを八路軍のために提供し、客用の緞子の布団を敷いて懸命に接待した。翌日引き揚げていった八路軍は、ボロボロの服を脱ぎ捨てて父や従業員の服に着替え、下駄箱から合いそうな靴を物色して履いていくではないか。ハッとした母が2階に上がってみると、台所に置いてあった缶詰など貯蔵用の食べ物はすべて持ち去られ、緞子の布団の上には、なんと大小便がしてあったのである——。

母は泣きながら、その始末をした。八路軍は「人民の物は針一本取らない」とその後教えられたが、嘘だ。

入城してきた八路軍のトップは林楓《りんぷう》という人物で、父とは意気投合し、二人は親交を交わす。林楓はこのとき中国共産党長春市委員会の書記で、2年後には中共中央東北局常務委員になるほど位の高い人物だった。謙虚で文武の才がある面もちをしており、文物を愛したが、それゆえに文化大革命で投獄され獄死している。その林楓は「あれはまだ入隊したばかりの農民兵がやったことなので、どうか許してほしい」と父に謝り、「この人なら大丈夫」と太鼓判を押して、趙《ちょう》という名の若い八路軍を我が家に派遣した。日本語が上手な趙兄さんは、市街戦で負傷した筆者につぎのような話をして聞かせた。

私たちの、あの紅旗《あかはた》の色は革命のために戦った人民の血で染めたのだ。あなたは今度の革命のための戦いで血を流した。だから、あの色の中にはあなたの血も流れていると思うといい。あなたは私たちの同志だ。小英雄《シャオインション》だよ。太陽は中国共産党であり、偉大な毛沢東同志なのだ。陽が必ず昇るように、毛沢東が必ず高く輝いて、苦しむ人民を幸せにしてくれるのさ。

彼は本気で毛沢東を信じ、中国共産党を信じていた。やさしく、熱い目をしていた。多くの人民はみな、このように教えられて中共軍に参戦していったのだ。点と点を結んだ線によって囲まれた「面」の中には、こういった熱い思いをもった多くの民衆がいて、八路軍や新四軍に参戦していった。

彼らは長春のような、「点」に相当する大都会にいるのにふさわしくない。毛沢東の指示があったのだろう、5月22日になると、八路軍は突如姿を消した。

入れ替わりに進軍してきたのが、国民党の正規軍だ。最新鋭のアメリカ式装備で固めた、ビルマ歴戦の精鋭部隊である。父の工場は、今度はこの国民党政府に接収された。

ようやく治安が暫時保たれるようになり、日本人の大量帰国である「百万人遣送《けんそう》」が、その年の夏に始まる。このころまでに日本軍の復員兵も日本の港に着いたようだ。

父は政府に必要な技術者として「留用《りゅうよう》」され、日本帰国を許されなかった。

翌47年夏にもまた日本人の遺送があり、国民党政府にどうしても必要な最低限の日本人技術者を残して、他は帰国させるという方針が実行された。父はこのときもまた帰国を許されなかった。

この遣送における最後の日本人一行を送り出した10月、長春の街から突然、電気が消えた。水道もガスも出ない。

長春市が丸ごと八路軍に包囲されたのである。食糧封鎖だ。

食糧を近郊に頼り、都市化していた長春は、たちまち飢えにさらされる。

最初のうちは物々交換により、いくばくかの食べものを手に入れることもできた。しかし長春市の食糧そのものが底をつき、餓死者が増え始める。特にその当時の長春の冬は零下38度を記録したこともあり、10月ともなれば零下にいきなり突入する。暖を取る薪も石炭もなく、多くの日本人が引き揚げて荒ら屋《あばや》となった家屋を壊して燃料とする者が多くみられた。さもなければ凍死するしかない。

やがて腹違いの兄の子供が餓死し、つぎに兄が餓死した。

5月になると長春の草花は一斉に芽吹く。

摘みさえすれば食料が入る。もう何カ月間も歩いたことのない体に鞭打ち、幽霊のような足取りで、裏にある興安胡同（小路）に出た。元・満州中央銀行の宿舎との間には舗装されてない道があり、雑草が生えている。見ればあちこちから市民が這い出て来て若葉を摘んでいる。どのような政治勢力が働いていようとも、この天地の力をも奪うことはできまい。大地に降り注ぐ陽光までを遮ることは何人《なんぴと》にもできないのだ。

しかし、新芽は芽吹く先から摘まれていくので、あっという間になくなってしまった。

このとき東北人民解放軍と改称していた中共軍は、「久困長囲」（長く包囲して困らせる）という、より厳格な長期食糧封鎖を決定したのである。１９４８年5月23日、林彪らは毛沢東宛てに「囲困長春辦法」なる法案を提出し、6月7日に中央軍事委員会の批准を得ている。「農村を以て都市を包囲せよ」という毛沢東の戦略は、第二章で触れたように早くから出されているが、武器が不足している中共軍は、都市を包囲することによって「点」を死守している国民党を孤立させ、消耗させる作戦に出ていたのだ。

そして毛沢東はこのとき「長春を死城たらしめよ！」と指示している。文献上は林彪がこの指示を発表したので、まるで林彪が命じたようなことを言う人がいるが、そのようなことは絶対にあり得ない。命令系統が逆なだけでなく、林彪は１９４８年9月9日に、「これ以上の惨状を見過ごすことはできない。飢餓にある長春市民は、八路軍は

『見死不救』(死を見て救わない)と我々を責めている。だから『死城たらしめる指示は解除してほしい』」といった趣旨の手紙を毛沢東宛てに出しているからだ。

一方、国民党軍の蒋介石は、カイロ宣言およびポツダム宣言の中にある「1914年の第一次世界大戦開始以降に日本が収奪しまたは占領した太平洋における一切の島嶼を剝奪すること、並びに満洲、台湾および膨湖島のごとき日本国が清国人より盗取したすべての地域を中華民国に返還すること」という文言にこだわっていたものと思う。だから「満州国」の首都であった「新京」すなわち長春を死守することによって国際社会に「領土主権は誰の手の中にあるのか」を見せたかったのだろう。

2階から見下ろす興安大路は死の街と化していた。

餓死体が取り除かれることもなく街路樹の根元に放置され、親に先立たれたのか、その周りで2、3歳の子供が泣き喚いている。幼子の周りをうろついている犬。犬は野生化して、餓死体だけでなく、親に先立たれた幼子を食べるようになっていた。

旧城内という、中国人だけの居住区では、人肉市場が立ったという噂が流れていた。

父は長春市長に会いに行った。留用を解除してもらい長春脱出を認めてくれと頼むためだ。市長は変わり果てた父の姿を見て驚き、すぐに留用を解除する証明書にサインし、松の実など、国民党の軍隊用の携帯食品も少しだけ与えてくれた。

　国民党は瀋陽から飛んでくる飛行機が無人落下傘で落とす食糧により飢えを満たしていた。その落下物に市民が近寄れば銃殺される。しかし飛行機自身も低空飛行をすれば八路軍に撃ち落とされるので、高い上空から落とすようになり、そのうち飛来してくる回数も少なくなっていた。だから、国民党政府としては、少しでも多くの市民に長春から出ていってほしかったのである。

　長春を包囲する包囲網を「卡子《チャーズ》」と称するが、その卡子には卡口《チャーコウ》と呼ばれる出入り口があり、そこからなら脱出して良いということになっていた。

　1948年9月20日、筆者の一家はいよいよ長春脱出を決行することになった。

　そしてその前夜、末の弟が餓死した。

　卡口には国民党の兵隊が立ち、一人ひとりの身分を確認しながら「ひとたびこの門をくぐったならば、二度と再び長春市内に戻ることは許されない」と言い渡していた。

　しかし、その門は「出口」ではなかった。本格的な地獄を見る「入口」だったのである。

　鉄条網は二重に施されていた。内側が長春市内に直接接し国民党が見張っている包囲網。外側の包囲網は解放区に接し、八路軍が見張っている。その中間に国共両軍の真空地帯があり、ここそが、まさに卡子（挟まれたゾーン）だったのである（卡子には「関所、検問所」の意味と、「挟むもの」という二つの意味がある）。

足の踏み場もないほどに地面に敷き詰められた餓死体。

四肢は棒のように骨だけとなっているが、腹部だけは腸《はらわた》があり、腐乱して風船のように膨れ上がっている。それが爆発して中から腸が流れ出している餓死体もある。そこに群がる大きな銀蠅。近くを難民が通ると「ブーン！」と羽音が唸る。

外側の包囲網である鉄条網が見えたあたりから八路軍の姿が多くなり、導かれるままに腰を下ろす。死体の少なそうな地面に、持ってきた布団を敷き、野宿する。陽は既に沈んでいた。

翌朝目を覚まして驚いた。布団の下が嫌にゴロゴロすると思っていたら、下から餓死体の足がニョッキリ出ている。

新たな難民が入ってくると、それまで死んだように横になっていた難民たちが一斉に起きあがり、ウワァーッと新入りの難民を取り囲んで食料を奪う。八路軍の兵隊は、それを特にとめるでもなく、黙って見ている。そしてその八路軍が守る解放区側に接する包囲網の門は、閉ざされたままだった。この真空地帯に閉じ込められたということになる。

ここで死ねというのか――。

紅旗の下で戦っている八路軍は、苦しむ人民の味方ではなかったのか――。

あまりの恐怖のため筆者は正常な精神を失い、記憶を喪失してしまった。7歳だった。

4日目の朝、父に卡子出門の許可が出た。アヘン中毒患者を治癒する薬の特許証を持っていたからだ。解放区は新中国建設のために技術者を必要としていた。

長春が中国人民解放軍（と呼ばれるようになった中共軍）によって解放されたのは、それから1カ月後の10月19日である。国民党の中に雲南60軍がおり、食事の上で差別を受けていたことを八路軍側が知り、60軍にこっそり食事を渡していた。食べ物で釣り、中共側に寝返らせたのである。10月17日に60軍が「起義」を起こし、19日に長春市にいた国民党軍のトップだった鄭洞国《ていどうこく》が投降の意を表明し、21日に正式に白旗を挙げた。

長春に入城した八路軍（中国人民解放軍）の一人は、歩くこともできないほどの餓死体の山を見て「この中に何名の軍人がいるのか。みな一般人民ばかりではないのか」と立ちすくんだと、何十年もあとに筆者に直接告げた。

餓死者の数は中共側発表で12万～15万人。国民党側発表で65万人である。

なお長春の食糧封鎖と卡子に関しては『卡子（チャーズ）——中国建国の残火』（朝日新聞出版、2012年）に詳述した。


長春や瀋陽を中心とした北方の国共内戦戦役を遼瀋戦役と称し、その南方面の戦役を平津戦役、淮海戦役と称するが、この「長春陥落」によって戦局が逆転し、中共軍は一気呵成に全中国を制覇し、すべての「点」である都市をも手中に収めた。それまで日本軍と最前線で大きな戦闘をすることを禁止されていた中共軍は、その貯め込まれたエネルギーを、ここで爆発させた。この勢いと士気は、とても国民党軍とは比較にならない。

こうして1949年10月1日、中華人民共和国が誕生し、毛沢東が天安門に立ってその成立を宣言した。以下、中華人民共和国が1971年に「中国を代表する国」として国連に加盟するまで、これを新中国と表記することとする。

毛沢東と元日本軍人・遠藤三郎との対談

毛沢東が1950年代半ばに元日本軍人だった遠藤三郎（元陸軍中将）に会い、「日本軍が中国に進攻してきたことに感謝する」と言ったという話はあまりに有名だ。本書では遠藤三郎氏のお孫さんである遠藤十九子様のご了解を得て、狭山市博物館に所蔵してある遠藤三郎の手書きの日記を読ませていただいたのをはじめとして、『元軍人の見た中共』（遠藤三郎・土井明夫・堀毛一磨共著、文理書院、1956年）、『将軍の遺言　遠藤三郎日記』（宮武剛著、毎日新聞社、1986年）、『廖承志与日本』（廖承志と日本）（呉学文・王俊彦著、中共党史出版社、2007年）や『毛沢東外交文選』（中華人民共和国外交部・中共中央文献研究室編、中央文献出版社・世界知識出版社、1994年）など、多くの記録を参照して検証する。

新中国が誕生した翌年の1950年6月に朝鮮戦争が勃発し、毛沢東は北朝鮮の金日成とソ連のスターリンに嵌《は》められ朝鮮戦争に出兵せざるを得ない状況に追い込まれたため、西側諸国、特にアメリカから「敵国」とみなされ、対中包囲網が形成された。そのため「中華人民共和国」を「国家」として承認してくれる国があまりに少ないことから、日本への接近を試みていた。

1955年8月6日、原爆10周年記念日に広島で開催された世界平和会議に新中国代表として劉寧一《りゅうねいいち》（中華全国総工会副主席）が出席していた。大会終了後の8月20日、劉寧一らが宿泊するプリンスホテルで「憲法擁護国民連合」（1954年1月結成）が主宰する懇親会が開かれ、遠藤三郎も招待された。遠藤三郎は実は戦時中、陸軍にありながらも日本の戦争拡大に激しく反対していた者の一人で、終戦後「世界連邦建設同盟」に参加し、湯川秀樹（ノーベル賞を受賞した物理学者）や東久邇宮稔彦王《ひがしくにのみやなるひこおう》（元首相）らと親交があった。また憲法擁護国民連合には片山哲《てつ》・元首相や有田八郎・元外相らの誘いで参加していた。この会には女流作家の平塚らいてう（らいちょう）も参加している。

プリンスホテルでの懇親会で遠藤三郎は劉寧一と歓談し、おおむねつぎのように述べた（原文は文体と文字が古いので、現代風に置き換え、概略を記す）。

夫婦げんかに第三者が介入すべきではないと思うが、出刃包丁を振り回したり火鉢を投げ合ったりすれば近所迷惑になるので、とめなければならない。同様に、台湾問題は貴国の国内問題ではあるものの、もし武力を行使してこれを解決しようとしたら傍観しているわけにはいかない。原水爆使用の可能性もあり、それは近所迷惑なこととなる。自分自身貴国に行ってご迷惑をかけたので、このようなことを言う資格はないが、武力行使をすれば第三次世界大戦に発展する危険性もあり、できれば避けてほしい。

これを聞いた劉寧一はひどく興味を持ち、帰国後、中央に報告した。するとほどなく中華人民外交学会の張奚若《ちょうけいじゃく》会長から片山哲・憲法擁護国民連合会長宛てに手紙があり、訪中の誘いを受けた。片山哲を代表とする憲法擁護国民連合訪中団は同年11月6日に羽田発の香港行き飛行機に乗り、9日に北京に着く。中国各地の視察を終えて11月28日に毛沢東と直接、会見することとなった。

毛沢東からはまず「近く数次にわたり六〇〇名から七〇〇名の戦犯を釈放する予定だ」という説明があり、戦犯者を訪問した結果、なにか意見があれば聞きたいとの申し出があった。そこで元日本軍人であった遠藤三郎は、おおむね次のような話をした。

私は終戦の翌々年に戦犯容疑者として米軍拘置所に入った。そのとき与えられた靴はどちらも右足用の靴だった。右靴の足先は左を向いているが、左靴の足先も左を向いているため、散歩すると真っ直ぐには歩けず、どうしても左へ左へと行ってしまう。先般視察した戦犯者の中に私の昔の友人がいたが、彼はきちんと寸法の合った服を新調してもらっていると言った。右だけの古靴と比較すると雲泥の差がある。

遠藤三郎の話は一同の笑いを誘ったが、これに対して毛沢東はつぎのように言った。

日本から中国を視察に来る人たちは中国に好意を持っている革新的な人たちが多い。今度は右翼の方々にも来ていただきたい。遠藤さんは軍人だから、このつぎは軍人を連れてきてほしい。

冗談かお愛想かと思ったが、訪中団が帰路についた11月30日、空港まで見送りに来た廖承志が、周恩来首相からの「なるべく早い機会に軍人を連れて、もう一度視察に来てほしい」という伝言を伝えた。

この廖承志は、潘漢年が岩井英一のところで活躍していた時期に、香港の革命根拠地で中共への物資や資金調達などを担当していた、あの人物だ。新中国誕生後、このときまでに中共中央統一戦線部副部長、中共中央対外連絡部副部長、中華全国民主青年聯会主席などを歴任しており、潘漢年のように投獄されていない。それは廖承志が、江戸っ子顔負けの日本語を操り、毛沢東にとって重宝だからであることはすでに述べた。

帰国した遠藤三郎は、さっそく元軍人に呼びかけ「訪中元軍人団世話人会」を結成して募集したところ、200人を超える元軍人が応募してきた。訪中経費は中国側が負担するとのことだったので、これでは人数が多すぎて、まずい。日本国内でも動きが大規模になったことへの警戒感が生まれ、旅券の発行を日本政府側が渋り始めた。世論も、「中共の金を使ったスパイ工作」的なニュアンスの非難を浴びせはじめた。結果、元軍人訪中団の人数は15人に絞られ、1956年8月12日に北京に到着した。

元軍人訪中団が東北地方を中心とした視察を終えたあとの9月4日、廖承志は毛沢東に報告書を作成する際に、「彼らが日本における影響をさらに拡大させるために、(毛)主席が直接彼らとお会いになった方が、より確実な効果を生み出すと思います」と書き添えた。

毛沢東は廖承志の報告書を見るなり、その日のうちに訪中団と会うことを承諾した。接見はその日の夕刻に突然代表団に知らされ、代表団は驚いた。

場所は、毛沢東が外国からの賓客と会うときに必ず使っていた中南海の勤政殿という館である。清王朝康熙帝《こうきてい》が明の時代の建物を修復したもので、新中国が誕生するとさらに修復作業がなされて、きれいに仕上がっていた。１９５８年に人民大会堂ができると国家級の貴賓の接待は人民大会堂に移されたが、毛沢東はあまりそこには行かず、よほどの大人数でない限り、いつまでもこの勤政殿を貴賓の接見室として使うのを好んだ。

そもそも中華人民共和国の首都をどこにするかという議論があった時期、南京という声もあったが、毛沢東は「絶対に北京」と主張して譲らなかった。それは歴代の皇帝が使ってきたこの中南海に「帝王」として鎮座するのを夢見てのことだろうと推測する。

廖承志が元軍人訪中団一行を勤政殿に案内すると、毛沢東らはすでにそこで待ち構えており、一人一人と握手をした。『廖承志と日本』はそのときの様子を以下のように記している。

毛沢東は開口一番、つぎのように言った。

「日本の軍閥がわれわれ（中国に）進攻してきたことに感謝する。さもなかったらわれわれは今まだ、北京に到達していませんよ。たしかに過去においてあなたたちと私たちは戦いましたが、ふたたび中国に来て中国を見てみようという、すべての旧軍人をわれわれは歓迎します」（筆者注：毛沢東は「侵略」はおろか「侵攻」という言葉さえ使わず、「進攻」という文字を選んだことは注目に値する）。

毛主席はさらにユーモラスに続けた。

「あなたたちはわれわれの先生です。われわれはあなたたちに感謝しなければなりません。まさにあなたたちがこの戦争を起こしたからこそ、中国人民を教育することができ、まるで砂のように散らばっていた中国人民を団結させることができたのです」

『廖承志と日本』の中では、もちろん毛沢東のこの言葉に関して「中国共産党こそが勇敢に日本軍と戦い、日本を敗戦に追いやったのだ」という「抗日神話」のトーンに基づいて解釈をつけている。しかし事実はそうではなかったことを、潘漢年とともに香港革命根拠地にいた廖承志ならば、十分に知っていたことだろう。

左翼の「謝罪」にはうんざりしていた

毛沢東が遠藤三郎らに会った1956年9月4日、潘漢年はすでに牢獄にいた。潘漢年が口封じのために逮捕投獄されたのは1955年4月である。

それも影響していたからだろう、毛沢東は過去のことを言われるのを非常に嫌った。遠藤三郎に同行した元軍人訪中団の一人である元陸軍中将の堀毛一磨は毛沢東および政府要人たちが、ともかく「過去は忘れ、将来について語ろうではないか」ということばかりを強調していたのが印象深かったと手記で述べている。

これは毛沢東が他界するまで「南京大虐殺」に関して触れなかったのと同じ心理が働いていると考えるべきだろう。毛沢東はともかく、蔣介石が率いる国民党軍が第一線で戦ったような「過去の話」には触れてほしくなかったし、訪中するものが次から次へと「過去を謝罪する」ことに、うんざりしていたのである。

毛沢東が聞きたかったのは、「謝罪」などではないのだ。

1961年1月24日、社会党の国会議員、黒田寿男との対談でも、毛沢東はつぎのように言っている（『毛沢東外交文選』（460頁～461頁）。

南郷三郎氏と会ったとき、会うがいきなり「日本は中国を侵略しました。お詫びのしようもない」と言いました。私は「あなたたちは、そういう見方をすべきではない。日本の軍閥が中国のほとんどを占領したからこそ中国人民を教育したのです。さもなかったら中国人民は覚悟を抱き団結することができなかった。そうなれば私は今もまだ山の上（筆者注：延安の洞窟）にいて、北京で京劇を観ることなどできなかったでしょう。（中略）もし〝感謝〟という言葉を使うなら、私はむしろ日本の軍閥にこそ〝感謝〟したいのです。

ところで、1964年7月10日に日本の社会党の佐々木更三や黒田寿男ら社会党系の訪中代表団と会ったときの会話が『毛沢東思想万歳（下）』（東京大学近代中国史研究会訳、三一書房、1975年）に載っているが、興味深いのは、毛沢東自身は主として「進攻」あるいは「占領」という言葉を使っているのに対して、日本語翻訳では、それらを「侵略」で統一していることだ。

つまり日本側の方が「侵略」という概念の贖罪《しょくざい》意識があり、毛沢東は「侵」という文字を一貫して避けている。佐々木らも謝罪し続けるので、毛沢東はついに中華ソビエット区から延安まで逃げる長征のときのことに触れ、

残った軍隊はどれだけだったでしょうか？　30万から2万5000人に減ってしまいました。われわれはなぜ、日本の皇軍に感謝しなければならないのか。それは、日本の皇軍がやってきて、われわれが日本の皇軍と戦ったので、やっとまた蔣介石と合作するようになったからです。2万5000の軍隊は、8年戦って、120万の軍隊となり、人口1億の根拠地を持つようになりました。（日本の皇軍に）感謝しなくてよいと思いますか？

とまで吐露してしまうのである。これ以上言ってくれるな、いや言わせるなという毛沢東の心情が目に浮かぶようだ。

毛沢東はある意味、正直な人だと思う。

蔣介石との再度の合作（1936年の西安事件）を日中戦争が本格化した（1937

年）結果だと、筆者がこだわってきた時間軸の逆転を何のためらいもなく認めただけでなく、日中戦争があったればこそ、中共軍は強大になることができたのだということを明確に認めているのだから。きっと毛沢東は「謝罪」ばかりを口にする親中的な日本人など、飽き飽きとしていたことだろう。毛沢東がなんとしても来てほしかったのは岡村寧次だった。しかし岡村は訪中を拒んだ。ではなぜ毛沢東は岡村寧次の訪中を、そんなにまで望んだのだろうか？

毛沢東と蔣介石、岡村元大将を取り合う

毛沢東がなんとしても岡村寧次に訪中してほしかった理由は、岡村寧次が蔣介石と組んで大陸奪還を企んでいることを知っていたからだ。蔣介石と何応欽の厚情に感動した岡村寧次は、日本帰国後、蔣介石のために「白団《パイダン》」という軍事顧問団を結成した。

岡村寧次が帰国したのは１９４９年２月４日朝で、上海の港を出たのは１９４９年１月30日。敗戦側の総司令官が無罪となって帰国するまでには、アクロバット的な蔣介石の工夫と経緯がある。

降伏調印式翌日の1945年9月10日、岡村は何応欽総司令官の申し入れにより何応欽と会談した。何応欽は岡村に「日本もすでに武装がなくなったので、これからは本当に中日の和平提携ができると思う。またお互いにそう心がけましょう」と言っている。戦争拡大などすべきでないと思ってきた岡村は、「これからは若いころからの夢だった本当の和平友好ができる」と感激するのである。同年12月23日になると、蔣介石はわざわざ岡村と直接会見し、以下のような会話を交わしている（『岡村寧次大将』より。記録のままの文章）。

蔣　：ご健康ですか。ご不便があれば、遠慮なく私か何総司令に申し出られたい。
岡村：ご厚意を謝す。満足の生活を続けています。
蔣　：接収が順調に進捗している状況は、何総司令から聞いており、同慶に堪えません。日本居留民も何か困ることがあれば訴えられたい。
岡村：今のところありませんが、若し困ることがおこれば、御厚情に訴えましょう。
蔣　：中日両国は、わが孫文先生のご遺志に基き、固く提携することが緊要と思う。
岡村：全く同感です。

岡村は日記に「蔣委員長は終始笑顔を浮かべつつ温顔人に迫るものがあり、特にこの会見の機をつくって労りの言葉を述べたことに対し感服した」と述懐している。

１０５万におよぶ復員兵の帰還作業は、ふつうなら5年はかかるところ（岡村も蔣介石もそう思っていたが）、１９４６年夏にはほぼ完了した。領海の関係上、日本までの輸送はアメリカ軍から上陸用船艇母艦のＬＳＴが多数提供された。日本人居留民計１３０万人強の帰還も夏には始まり秋口には終了していた。

となるともはや、岡村を日本官兵善後総連絡部長に留めておく理由もない。しかし蔣介石は岡村を中国における軍事裁判にかける日程を、理由をつけては引き伸ばし、日本帰還を遅らせた。なぜなら東京では軍事裁判が進行していたからである。日本に帰還させれば岡村は必ず戦犯として何らかの重い罰を受けるだろう。中国内でも岡村の戦犯問題が大きく取り上げられ始めた。これ以上引き延ばせないと思っていたところに岡村が39度の高熱を出す。長年患っていた肺結核がいよいよ悪化したのだ。そこで治療のため上海の病院に移り、以来10カ月ほどの療養を受ける。

１９４８年、日本では4月を過ぎても東京裁判が終わらず、中国の軍事法廷では多くの元日本軍戦犯が死刑に処せられ、終末に近づきつつあった。これ以上、岡村の裁判を延ばすわけにいかず、7月8日、何応欽はついに岡村の戦犯としての裁判を始めるところに追い込まれた。8月14日、岡村は軍事法廷に出頭し、戦犯監獄に入監した。ところが、ここでまた持病の心臓期外収縮発作が起こり、仮釈放となって緊急治療。そうこうしている内に東京裁判が終わった。

そこでようやく蔣介石は中国における軍事裁判で岡村に「無罪」を言い渡させるのである。岡村の対支総司令官着任は1944年11月で「南京大虐殺」に関わっておらず、その責任者はすでに死刑にしている。岡村は敗戦後は蔣介石の命令に従い、元日本軍に即時停戦を命じ、すべての武器や生産施設を国民党軍側に渡すべく懸命に努力したというのが理由だった。

公判が終結すると法廷内は騒然となり新聞記者がつめよせたが、岡村を裏口から脱出させ、港につけてあったアメリカ船舶ジョン・W・ウィークス号に乗船させたのだった。船には監視としてトンプソン大佐以下数百人が乗りこんでいた。

毛沢東は戦犯第一号として岡村を指名していた。このとき国民党の李宗仁・代理総統は蔣介石と国民党を裏切り、岡村の身柄を引き渡すことを条件として中共との和議を進め、岡村の再逮捕を命じていたのである。

ジョン・W・ウィークス号の日本人船長が「東京のラジオ放送によれば、中共は国民政府に対し和平条件の一つとして岡村を引き渡すべしと要求している」ことを岡村に告げたとき、船はすでに中国領海外にいた。間一髪だった。

それにしても蔣介石は、なぜここまでして岡村を守ったのだろうか。

それは友情だけでなく、岡村の大将としての軍事能力を高く評価していたからだ。蔣介石は日中戦争中、ソ連やアメリカが派遣してくる軍事顧問に激しく苦しめられている。どの国の軍事顧問も自国の利益ばかりを考え、少しも中華民国の利益など考えていない。ソ連にはスターリンがおり、共産圏拡大しか考えていない。アメリカのルーズベルトはコミンテルンのスパイに懐柔され、これも中共のことしか考えていない。

蔣介石が望んでいたのは、「どの国からも支配されない独立国家、中国」であった。このままでは中国は共産圏の属国になるだけだ。そうなれば孫文の夢はかなえられないし、自分はいったい何のためにここまで苦難を乗り越えてきたのかと慙愧《ざんき》にたえなかった。

その点、岡村は違う。彼は本気で自分（蔣介石）を尊敬し感謝してくれている。彼の作戦能力の高さは、日中戦争最終段階における戦い方でわかっている。おまけに彼は敗軍の将だ。いまさら中国支配を考えるはずがない。

一方、毛沢東は日中戦争中に蓄えてきた戦力を一気に発揮して、ソ連が押さえている「満州国」へ向けて突進し、蔣介石の命令に従わず北東へ向かって進軍して日本軍の武装解除を各地で行ない、武器弾薬だけでなく航空機の製造工場までをも接収し、元軍人と技術者を中共側のものにしてしまった。

たとえば１９４５年10月、元日本軍第二航空軍団第四練成大隊を包囲し武装解除させていた。大隊長の林弥一郎《はやしやいちろう》率いる部隊は、持っていた武器をすなおに八路軍に渡している。八路軍（具体的には瀋陽東北民主聯軍総司令部・中共東北局書記彭真）は、懐柔作戦に出て、白米と野菜や鶏肉などで日本軍捕虜代表らを歓待した。そこで単刀直入、「中共軍には空軍がない。航空学校建立に協力願いたい」と申し出た。捕虜にそのようなことをさせるのかと、林弥一郎も最初は戸惑ったが、最終的には承諾した。

こうして元日本軍の関東軍第二航空軍団第四練成大隊の20人のパイロット、24人の機械技術士、72人の製造技術員など２００人が中心となって１９４６年3月1日、「東北民主聯軍航空学校」が誕生しているのである。

ソ連と中華民国の間には、1945年8月14日に中ソ友好同盟条約が締結されている。ソ連政府はこの条約とその付属文書でつぎのように約束している（以下、「中国」とは「中華民国」のこと。東三省は現在の東北三省とほぼ一致する）。

●中国に対する道義上および軍需品その他の物資援助に同意する。この援助はもちろん完全に中央政府すなわち国民政府に提供される。

●東三省（満州）を中国の一部分と認め、中国の東三省に対する完全な主権と、その領土および行政の保全を再確認する。

●ソ連の対日参戦に伴い中国に進駐したソ連軍の撤退について、スターリン元帥は「日本降伏後三週間以内に撤退をはじめ」「遅くとも三カ月で撤退を完了すると声明した」。

蔣介石が書いた『中国のなかのソ連』（毎日新聞社外信部訳）は、これらが守られなかっただけでなく、毛沢東と重慶で和平会談を行なっている間に、中共は一方では着々と国民党軍を打倒するための進軍を急いでいたと書いている。日本敗戦直後、蔣介石がなんとか内戦を避けようと毛沢東に会談を申し込んでいたが、毛沢東はどうしても応じなかった。そこでハーレー駐華米国大使に頼んで、毛沢東を無理やり延安から連れ出し、重慶で和平建国の会談を行なっていたのだ。1945年10月10日、辛亥革命を記念する双十節に当たる日に「双十協定」を発表した。

内戦を行なわないと発表しながら、その一方で毛沢東は内戦の緊急指示を出していた。蔣介石は『中国のなかのソ連』につぎのように書いている（103頁〜104頁）。

九月十一日から十月十一日までに、各地の中共軍は延べ二百の都市を占領し、膠済《こうさい》（青島—済南）、津浦（天津—浦口）、隴海《ろうかい》（海州—甘粛省）、京綏《きょうすい》（北京—綏遠）、北寧（北京—遼寧）、徳石（徳州—石家荘）、京漢（北京—漢口）、道清（道口鎮—京漢線新郷—清化）の各鉄道沿線でそれぞれ数ヵ所の拠点を占領して、華北、華中間の交通幹線を制圧し、また北は渤海《ぼっかい》岸の山海関から南は浙江省の杭州に至る海岸線、山西省垣曲《えんきょく》から河南省武陟《ぶちょく》までの黄河沿岸ならびに江蘇、安徽両省の揚子江岸と大運河一帯の水上交通にも脅威を与えている。

九月十一日以後の一ヵ月間といえば、国軍が各地で日本軍の降伏を受理していた時期である。全国を十一地区に分けて日本軍百二十五万五千の降伏を受理し、連合国軍総司令部の規定に従い日本に送還した。しかし中共軍はチャハル、河北、山西、山東および江蘇省北部で三万に近い日本軍を包囲して武装解除を行ない、しかもこれを日本へ送還しなかった。

このような状況にあれば、台湾に逃れた蔣介石が「大陸奪還」を目指して岡村寧次に支援を頼んだとしても、不思議ではないだろう。

船木繁は『岡村寧次大将』のエピローグでつぎのように書いている（345頁）。

帰国後、岡村大将は、蔣介石総統の要請を容れ、政治・経済的な問題を抜きにして、ただ終戦時の恩義に報いるという名目で、昭和二五年（一九五〇）二月、富田直亮少将を長とする十九名の陸軍参謀を台湾に送った。「白団《パイダン》」と称せられるこの軍事顧問団は、以後十五年間続き、団員の数は延八十三名に達した。

船木繁自身は元陸軍少佐・支那派遣軍参謀だった軍人で、岡村寧次の部下だった。したがって非常に信頼のできる情報だと思う。船木がこの『岡村寧次大将』を出版したのは1984年。その詳細な情報が、実は、2009年の中国共産党新聞が発行している雑誌『世紀』に載り、つぎつぎとネット上で転載され、今もまだ拡散が続いている。

その記事の中でもっとも興味深いのは、「白団」に関する情報が「1951年春、香港の新聞で報道された」という事実である。香港は廖承志が1940年前後に八路軍の情報根拠地を置いていたところだ。もともと地下活動だったので、日本が敗戦し英国領に戻った後も、スパイ活動は盛んに行なわれていただろう。こんな情報を見逃すような中共ではない。すぐさま廖承志を通して毛沢東に上げられていたはずだ。

となれば、なんとしても岡村寧次を訪中させ、毛沢東側に引きつけたい。

蔣介石・国民政府を台湾に追いやったものの、北京政府としてはまだ「国共内戦」は終わっていない。台湾を攻撃するには空軍と海軍の増強が不可欠だ。元関東軍第二航空軍団第四練成大隊の林弥一郎らを中共側につけて航空学校は創ったものの、朝鮮戦争によりアメリカは台湾に第七艦隊を派遣して完全に台湾側に付いてしまった。「中国」という国を代表して国連に加盟しているのは「中華民国」だ。その意味では毛沢東はまだ、国共内戦に勝利していないに等しいのである。

特に国共内戦の後半にはすでに蔣介石を見捨てていたはずのアメリカは、朝鮮戦争勃発に伴い台湾への態度を一変させ、蔣介石に中国大陸の東海岸へのゲリラ戦を仕掛けることにより朝鮮戦争における中国人民志願軍の兵力を削がせようと試みている。そのために海南島を攻撃してはどうかとアメリカは言ったが、蔣介石はこの戦略にはあまり賛同していない。

このときアメリカは蔣介石が白団を設置し、元日本軍の支援を受けていることを知り激怒する。というのは、敗戦後の日本に対するアメリカの基本方針は「徹底した武装解除」で、「二度と再び軍国主義国家にはさせない」というのが基本にある。だから1946年に制定された日本国憲法の第九条にその旨を明文化した。ところが1950年になって朝鮮戦争が勃発したために、アメリカは突然日本を極東の守りの根拠地と位置付け始め、警察予備隊の設置と日米安保条約の締結を日本に要求している。アメリカの、日本の軍事的行動に対する姿勢は内部矛盾をこの時点から抱えていた。

蔣介石には、日中戦争中にアメリカが派遣した軍事顧問の存在によって悩まされ無駄な3年間を送った苦い経験がある。だからアメリカの忠告よりも岡村寧次率いる白団に賭けたかったにちがいない。しかしアメリカが味方についてくれるというのなら、それを拒む理由もない。

1953年7月27日に朝鮮戦争が休戦状態になると、毛沢東は中国人民解放軍の力を台湾に集中させ始めた。1954年9月3日、金門島を守っている中華民国の国民党軍に向かって、中国人民解放軍が砲撃した。それを受けて中華民国とアメリカは同年12月2日に米華相互防衛条約を締結。

今度は中国人民解放軍・華東軍区の張愛萍《ちょうあいへい》参謀長が、中華民国が辛うじて守っていた浙江省の「一江山島」を、1955年1月18日に攻撃し、占拠している。

しかし中華民国は台湾本島や澎湖島以外に、福建省の金門島や馬祖島を死守し、大陸反攻の機会を狙っていた。そのため毛沢東は1955年から56年にかけて中華民国の領土である金門島に接する中国大陸の東海岸沿いに飛行場建設や軍用道路、あるいは、いざというときの物資運搬や兵士移動を確保するための鉄道敷設などを急いでいた。

実は毛沢東は日本軍が最も強いと認識していた。なぜなら朝鮮戦争で中国人民志願軍総司令として米英軍とも戦ったことがある彭徳懐が「世界で一番強い軍隊は日本軍で、英米軍は二番手だ」と言っていたからだ。彭徳懐はまた日本軍の総司令官だった岡村を、「敵ながら強い将軍」として評価していた。一方、岡村も「百団大戦を戦った彭徳懐」を尊敬し、「中共にはすごい将軍がいる」と高く評価していたのである。

もう一つ、大きな原因がアメリカだ。

日本は戦後GHQの統治下にあったが、中国は「日本がアメリカ帝国主義によって植民地化されている」とみなして、激しい反米運動を起こしていた。朝鮮戦争後、対中包囲網を形成し台湾を支援し始めたアメリカほど「悪の国」はない。筆者はそのころ天津の小学校に通っていたが、街中に「トルーマンと吉田茂が、血の滴るドルや砲弾を持っている」ポスターが貼られ、学校ではトルーマンを罵倒するスローガンを叫ばされた。トルーマンを批難する歌まで現れて、毎日歌わされたものだ。

そのため毛沢東は、尖閣諸島を含めた沖縄県を明確に日本の領土と称して「アメリカは植民地支配をやめて日本に帰せ」と主張していた。

アメリカに従属する政治家は「悪」で、敗戦後もアメリカを憎み敵対視しているであろう元日本軍人を毛沢東は歓迎した。その意味もあって毛沢東は岡村寧次に訪中してほしかったのである。

そこで1955年11月28日に遠藤三郎と会った毛沢東は、「このつぎは元日本軍人を引き連れて訪中してほしい」と頼んだあと、「大将級の元軍人がいい」と遠藤三郎に要求している。おまけに中国から来た訪中招聘希望者リストの中には、明確に「岡村寧次」の名前があった。それを受けた遠藤三郎は、必死になって岡村寧次に訪中を依頼するのだが、岡村は「台湾との関係がある」ことから訪中を「きっぱりと」断っている。

１９５０年代、中国大陸と台湾との関係はまだ不安定な状況にあり、どちらに転ぶか分からないような要素をはらんでいた。そのために毛沢東は「元日本軍」を熱烈歓迎していたのである。だから、「すでに左に傾いている訪問者」の「謝罪」などは、聞きたくなかったのだ。

遠藤三郎のルートでは岡村寧次を招聘できないとわかった毛沢東は、同時進行で辻政信（元陸軍大佐）にも当たっていた。辻は敗戦後うまく振る舞い１９５２年には衆議院議員に当選しているので、それなりに力を持っているのではないかと思ったのだろう。しかし辻には敵が多く、岩井英一も辻を恨んでいた。一時は岩井に取り入り岩井公館に出入りしていたのに、裏では岩井を裏切り、岩井を上海から広州に左遷させるべく辻が動いていたことを、のちに知ったからだ。辻は『動乱の眼――アジア・アラブの指導者と語る』（辻政信著、毎日新聞社、１９５８年）の中で中国首脳部との会談を記しているが、１９６１年、突然、外遊先で行方不明になったままになってしまった。岡村寧次は、もちろん辻からの誘いも断っている。

辻は日本の歴史評論家から「昭和の愚将」とまで酷評された人間だ。毛沢東がそのような人物に対してさえ、「元日本軍人であるなら、なんとしても引っ張り出そうとしていた」というのは、辻を知る日本人にとっては一種の驚きかもしれない。

毛沢東が大躍進の失敗によって大飢饉が起きると、蔣介石はこのときこそ大陸奪還のチャンスとばかりに、1962年に国光計画という大陸反攻戦略を白団とともに練るのだが、アメリカは全面戦争になるとして反対した。アメリカの支援というのは、蔣介石にとっては最後まで手足を縛る歯がゆいものだったにちがいない。1966年に岡村寧次が他界すると、白団も自然に消滅していき、大陸奪還戦略も、やがて蔣介石の高齢化とアメリカの中国大陸への微妙な態度の変化によって消えていった。

蔣介石がめざしたのは「他国からの支配を受けない独立国家、中国」だった。中ソ対立を目にした蔣介石は、もしかしたら「これでいい」と思ったのかもしれない。

ただ、蔣介石は『中国のなかのソ連』で、「共産党が支配する国家は必ず独裁的になり、いずれは覇権をめざすようになる」と記している。その意味では「共産主義国家は、最終的には必ず滅びる」と予見し、中国が共産主義国家であることに関しては非常に批判的だ。

この分析は当たっているのではないだろうか。

なお、朝鮮戦争が休戦した１９５３年、毛沢東は中国にまだ残っている留用技術者などの日本人およびその家族を一刻も早く帰国させようとした。筆者一家も１９５３年９月に、かなり強制的に日本に帰国させられたのだが、１９９０年代になって再会した天津の小学校の教員は数十年ぶりに会った筆者に、つぎのように語った。

「ほんとうはね、あのとき日本人を帰国させたのは、このまま中国にいると、日本人が中国を嫌いになってしまうからということを心配した毛沢東の命令があったからなのよ」

というのだ。教科書には書かなくとも、日中戦争時代の中共の宣伝が行き過ぎて、中国人民があまりに日本軍の残虐行為を憎み過ぎていたからだと、そっと教えてくれたのだった。

歴史認識に関して

日本の軍部がかつてどれほど愚かな方向に進み、中国や韓国を含む周辺諸国の民にどれだけの危害を加えたか、そして結果的に日本国民自身にもどれだけの被害をもたらしたかは、今さら言うまでもないだろう。しかしその日本軍と共謀して国民党軍の兵士を殺させたのは、いま天安門にそびえたっている、あの毛沢東だ。そして、その中国共産党政権を誕生させることに貢献したのは、ほかならぬ日本軍だったのである。

この皮肉な事実を、われわれはどのように位置づけ、消化していけばいいのだろうか？

日本はたしかに日露戦争により西側列強による日本の植民地化を防ぐことに成功している。そこまでは孫文も蔣介石も、毛沢東さえも高く評価し礼賛している。もし日本がその時点で戦場の拡大をとめておくことさえできていれば、中共軍は絶対に強大になることはできなかっただろう。その結果、いま日本の隣にある「中国」は「中華人民共和国」ではなく「中華民国」だったにちがいない。このことは毛沢東自身が認めていることであり、だからこそ皇軍に感謝しているのである。

さて、それなら共産党政権である中国がいま日本に対して飽くことなく突き付けてくる「歴史カード」は、いったい何なのかという問題に突き当たってしまう。もとより本書は、侵略戦争を正当化するものではない。それを明確にした上で歴史カードの正体を見極めたい。

「はじめに」と第三章でも触れたように、毛沢東は一度も日本に歴史問題を突き付けたことはないし、また生きている間、ただの一度も抗日戦争勝利記念日を祝ったことがない。

中国が歴史問題を論じ始めたのは、毛沢東が逝去してから数年経ったあとのことである。それまでは中国人民は「南京大虐殺」に関してさえ、広くは知らされていなかった。日本の「歴史教科書改竄」などがあって、初めて「南京大虐殺」が中国国内で広く知られるようになったと、人民日報は書いているが、それ以外にも日本の元軍人や日本の左翼系ジャーナリストなどにより知ったという情報も中国大陸のネットにはある。いずれにしても、日本側がその場を提供してあげたようなものだ。

日中戦争の間は、父親が汪兆銘政権の宣伝部副部長として活躍していた江沢民は、毛沢東の老獪《ろうかい》な戦略など知るはずもない。江沢民は、日中戦争時代は日本軍閥側の官吏の息子としてぜいたくな暮らしをしていた。だから当時の中国人には珍しく、ダンスもできればピアノも弾ける。日本が敗戦すると、あわてて中国共産党に近づくが、自分の出自が中国人民に知られなどしたら国家主席どころか共産党員としての資格も剝奪されると、江沢民は恐れたにちがいない。自分がどれだけ反日的であるかを示すために、江沢民は1994年から始めた「愛国主義教育」の中で必死になって反日煽動を行い、出自を隠そうとした。

抗日戦争勝利記念日を全国レベルで祝い始めたのは1995年からだ。その年の5月にモスクワで開催された「世界反ファシズム戦争勝利50周年記念祝典」に招待された江沢民は衝撃を受けた。中華民国が戦った反ファシズム連合国側の一員に、この「中国」が位置づけられているではないか。それまでは中ソ対立があったが、1991年12月にソ連が崩壊し、ロシアのエリツィン大統領が中国をこの祝典に招待してくれたことにより、江沢民の自尊心はすさまじく刺激された。

1995年9月3日、中国では初めて全国レベルの「抗日戦争勝利記念日」と「反ファシズム戦争勝利記念日」の祝典が合わせて行なわれ、江沢民は「抗日戦争」を「反ファシズム戦争の重要な一部分」と位置付けた。そしてその戦争において「中国共産党がいかに貢献したか」を強調し始めたのである。

かつて土地改革によって革命を成功させてきた中国共産党は、地主に反逆した農民に

「革命が成功しなければ、つぎに血祭りに上げられるのはこの自分だ」という恐怖を植え付けた。その「恐怖」は大地に深く染み込み、新中国誕生後の毛沢東による大量殺戮を現出させている。同様に反日の地雷を踏んでしまった中国は、反日を叫び続けていないと売国奴呼ばわりされる。いずれも後戻りができない。

これは「大地の掟」であり、大地で脈打つ「血管」でもある。

筆者はこれを「大地のトラウマ」と呼んでいる。相手を激しく批判し続け、つねに批判する側に立っていないと、自分の身が危ないのである。当時は「反革命」と言われないようにするために、そして今は「売国奴」と罵倒されないようにするために、必死で革命を、そして愛国を叫ぶ。これが大地のトラウマだ。

江沢民の反日煽動は、この地雷を中国人民に踏ませてしまったのだ。

毛沢東自身は「愛国」という言葉さえ嫌った。新中国が誕生する前の愛国とは、「中華民国」を愛することになる。「お前たちは、あの国民党を愛し、蔣介石を愛するというのか?!」と毛沢東は怒った。このことさえ知らない江沢民は、1989年6月4日に起きた天安門事件を受けて中央に迎えられ、本来は反日のためではなかった愛国主義教育を、個人的な保身のために反日的「トラウマ」へと、持って行ってしまったのである。

その影響を最も大きく受けたのは、それ以降の党指導者だろう。胡錦濤・元国家主席は、愛国主義教育が呼び起こしてしまった「大地のトラウマ」を元に戻し、「少しでも親日的だとすぐに売国奴呼ばわりされる精神文化」を是正しようと、いろいろ試みるが、彼自身が売国奴、そして売国政府と罵倒されるようになり、あわてて引っ込めてしまった。それを引き継いだ習近平政権は、もっと後戻りができないようになっている。それが高じて、2015年9月3日、ついに建国後初めて、抗日戦争勝利記念日に軍事パレードを開催してしまった。

いま中国は歴史に逆行し、時間をさかのぼって、まるで「抗日戦争」がいま終わったばかりのような熱狂ぶりだ。抗日戦争が終わった日から遠ざかれば遠ざかるほど熱く燃え上がっているのである。2015年7月7日（盧溝橋事件の日）から9月3日まで、中国の中央テレビ局CCTVでは、毎日「忘れてはならない歴史」として抗日戦争のドキュメンタリー番組をニュースのあとに連続して放映した。それはまるで、いま現在、中国人民が抗日戦争を戦っているかのような激しさで、9月3日の夕方に催された演芸会では、南京大虐殺を始めとした劇が、文化大革命を彷彿とさせる激烈さで披露された。

これは何を意味しているかというと、ひとたび「大地のトラウマ」の地雷を踏んだが最後、後戻りはできず、ただひたすら「反日を加速させる」以外に選択はなくなってきたことを意味しているのである。習近平政権が「日本軍を敗北に追い込んだ偉大なる中国共産党」を讃え、抗日戦争勝利記念日に軍事パレードを行なってしまったが最後、これを後戻りさせることはできないのだ。

その証拠に習近平国家主席は、ついに「国連創設に貢献したのは中国である」として、国連に関してさえ歴史改竄を始めている。2015年9月28日、国連創設70周年記念で初めて演説をする習近平国家主席の威信を高めるために、中国のメディアは国連創設に貢献した「中国」の特集番組を組んだほどだ。

もう一つ頭に入れておかなければならない要素がある。それは「普遍的価値観」という外的要因だ。たとえば、いま日米などを中心として構築しているTPP（環太平洋戦略的経済連携協定）は、経済協定ではあるものの、実は安倍首相自身が言っているように「自由、民主主義、基本的人権あるいは法の支配」といった民主主義国家が共有する普遍的価値観を内包している。これは中国が最も嫌うもので、胡錦濤政権時代から盛んに「西側の価値観」として拒否し続けてきた。なぜなら普遍的価値観は三権分立を前提にしているからである。

中国は絶対に三権分立を受け容れず、「特色ある社会主義の核心的価値観」を国家の思想的根幹としている。「特色ある」は「社会主義国家でも市場経済（金儲け）を許す」という意味で、「社会主義の核心的価値観」とは、中国共産党が法の上に立っているような「一党支配体制」を意味する。ＴＰＰを普遍的価値観による対中包囲網と受け止めている中国は、これまで以上に日本に対する歴史認識非難を強めている。日本の「戦争犯罪」を国際社会の共通認識に持っていくことにより、価値観外交の対中包囲網を切り崩そうとしているのだ。日米同盟が強化されればされるほど、日本の歴史認識カードをより高く掲げ、アメリカを困らせ弱体化させようという魂胆なのである。

中国はまた、共産党政権を正当化して求心力を高めるためにも、日中戦争における中共の歴史を歪曲し、自らを讃えて日本を批難し続ける手法を取るだろう。これは互いの悪感情を増幅させるだけで、日中双方にとって良いことではない。客観的事実の検証と、ふたたび戦争への道を歩まない決意を再確認することは不可欠だが、現状を放置すれば、日中関係は険悪なスパイラルから抜け出せなくなっていく。

それにブレーキをかけるには、「毛沢東が日本軍と共謀していた事実」を全世界に広めていく以外にない。中国は激しい抵抗をするだろうし、一部の日本人は中国の怒りを恐れて真実を直視する勇気を抑え込むかもしれない。しかし、本書に書いたことは事実である。この事実を国際社会共有の認識に持っていく努力を日本がしない限り、たとえば、史実が確定していない「南京大虐殺」資料をユネスコの世界記憶遺産に登録させたり、韓国など関係国に呼びかけて、必ずしも正確でない「慰安婦資料」をユネスコに共同提出して既成事実化させてしまう事態が一方的に進んでいく。こういった一連の現象を食い止めるには、中国建国の父、毛沢東の真相を通して、国際社会に共産党政権がどのようにして誕生したのかを浸透させる以外に道はないと確信する。

真の日中相互理解のためにも、そして二度とふたたび戦争を招かないようにするためにも、日本は論理武装に力を注がなければならないのである。

本書がその一助になれば幸いである。

＊なお余談だが、日本のインターネットに出てくる中共軍（八路軍や新四軍）がいかに勇敢に日本軍と戦ったかという情報の出典を調べてみたところ、ほとんど中国共産党の党史に依拠していることがわかった。念のため書き添える。

おわりに――毛沢東は何人の中国人民を殺したのか？

１９４９年10月1日に新中国（中華人民共和国）が誕生したあと、毛沢東はたえまなく政治運動を展開しては中国人民を殺戮してきた。目的は自らの「帝王」としての存在が揺るがないようにするためだ。

それは新中国誕生前の１９４１年から45年初頭まで展開された延安整風における手法に端を発する。

１９４１年9月、毛沢東は延安で王明に、「私はマルクスレーニン主義ではなく、毛沢東主義を作ろうと思っている。〝主義〟を作って党内に浸透させておけば、私が死んだ後も人民が私を否定することはできなくなる。だから中国共産党思想を毛沢東思想に塗り替えるのだ」という趣旨のことを言っている。「マルクスレーニン主義の中国化」と言えば聞こえはいい。たしかにレーニンが主導したロシア革命は都市の労働者を中心としたものであり、毛沢東が遂行した中国共産党による革命は農民を中心として初めて成功している。その意味では異なる。

しかし、中国共産党思想を毛沢東思想に置き換える目的は個人崇拝を徹底させ、自分の地位を絶対的なものにするためだった、と王明は書いている。王明は『中共50年』の中で、毛沢東がいかに秦の始皇帝を崇拝し、自分自身が現世においてだけでなく死後もなお「永遠なる帝王」として崇拝され続けることを渇望したかを、毛沢東の発言として記録に残している。

毛沢東はモスクワによる支配からの離脱を図っただけでなく、自分が参加することができなかった１９１９年の五四運動をも否定した。この二つに共通するのは「知識人」、インテリだ。モスクワ帰りのインテリが大きな顔をしていることを激しく恨み、北京大学の学生を中心として全国に広がった愛国民主運動だった五四運動を嫌った。その結果、自分を不動の地位に持って行き、マルクスレーニン主義（特にレーニン主義）や五四精神の代わりに「領袖（トップリーダー）至上主義、（農民を中心とした）集団主義」を旨とした毛沢東思想を植え付けようとしたのだ。

そのために展開したのが延安整風運動である。この整風運動により、１万人強の党員と市民が惨殺されたのである。指を切断したり、女性なら乳房をそぎ取ったりと、徐々に殺していく延安整風の残忍性を、のちに生存者から聞き取って記録した『紅い太陽はいかにして昇ったのか』（高華著）は、余すところなく描いている。

このときの死刑執行人は康生。ソ連のベリヤから手法を学んできた。１９４３年には「救済活動」という、「他人を密告すれば、あなたは救われる」という密告制度を奨励したので、中国には今もなお「密告文化」が深く根を下ろしている。

延安整風の成功例は、新中国建国後も執拗に実施されていく。

ここでは簡潔に、毛沢東がどれくらいの中国人民を殺戮したのかだけを考察してみよう。そもそも中共中央がこれに関して正確な数値を出すはずがないし、正確な根拠を検証していくと、それだけで１冊の本では足りないほどの分量が必要となってくるので、本書のテーマの関係上、概数で述べるに留める。

まず１９５１年から「汚職、浪費、官僚主義」に反対する「三反運動」を開始し、それは１９５２年へとまたがりながら「贈賄、脱税、国家資材の横領と手抜き、材料のごまかし、経済情報の窃盗」に反対する「五反運動」へと発展していく。これを「三反五反運動」とまとめて称するが、三反五反運動で逮捕投獄された者の数は、おおむね２０００万人～３０００万人とされている。三反五反運動は朝鮮戦争で蠢動《しゅんどう》を始めた国民党系列の者を粛清することが目的だった。毛沢東は当時の羅瑞卿《らずいきょう》公安部長に「朝鮮戦争という、この絶好の機会を逃さず、反革命分子を徹底的に粛清せよ」と指示し、粛清の人数を「全人口の一〇〇〇分の一までを数値目標とせよ」と命令している。このとき筆者は小学校の教科書で「我が国は6億の人口を有し」と習ったので（正確には5・6億人）、300万人は多すぎる。もちろん、ほとんどが獄死した。

つぎに1956年2月にソ連のフルシチョフ第一書記がスターリン批判をしたことにショックを受けた毛沢東は、「よもや自分も死んだあとに批判されたりするのではあるまいか」と疑い、「どんな批判でも言いたい放題言っていい」という「百花斉放《ひゃっかせいほう》、百家《ひゃっか》争鳴《そうめい》」運動を起こした。ところが多くの知識人が共産党を批判し毛沢東の独裁化を懸念しているのを知るに及んで、翌1957年に「反右派運動」（五七運動）を展開し、自由に意見を言った者を右派分子として一網打尽に逮捕投獄するのである。中国政府側の発表では50万人としているが、筆者の友人は今も数少ない「五七運動」の生き証人「五七老人」として活躍しており、300万人は粛清されたという。

当時はまだ、共産党と国民党の間で揺れる者が多く、赤化させた元国民党員あるいは国民党を支持していた知識層の中には、三反五反運動により共産党の統治に恐怖感を抱く者も少なからずいた。これらを含めて「右派」とレッテルを貼ったグループを粛清した毛沢東は、つぎに自分こそは急進的な社会主義路線を実現させる能力を持っていることを内外に知らせようと、１９５８年に「大躍進政策」を打ち出す。15年以内にイギリスを追い越すとして鉄の増産のために全農民を動員したりするのだが、使い物にならない大量の粗鉄と荒れ果てた田畑を招き、「数千万人」と言われている餓死者を出す。

その責任を取り、１９５９年に国家主席辞任に追い込まれた毛沢東は、国家主席となった劉少奇が憎くてならない。なんとしても劉少奇を国家主席の座から引きずり降ろし、自分の威光を取り戻そうと、１９６６年から文化大革命を発動する。

文化大革命により劉少奇は激しい暴力と屈辱を受けたあと、69年に獄死する。それでも毛沢東の怒りは収まらず、文化大革命は、毛沢東が逝去した１９７６年になってようやく終息する。１９７８年12月13日、中共中央工作会議閉幕式において、葉剣英は「文革により粛清された者の数は1億人で、死者の数は２０００万人、損失は８０００億人民元にのぼる」と発表した。最近の欧米系研究では２０００万人より少ないという説もあるが、誤差範囲だろう。葉剣英が少なく見積もることは考えられない。

文革が始まると毛沢東は「国家主席の座は要らない」と言い、主席の座を空席のままにしていたので、1978年3月から全国人民代表大会（全人代）常務委員会委員長に就任していた葉剣英が、事実上の国家元首であった。この葉剣英は、潘漢年らが香港や上海でスパイ活動をしていたときに、女流作家・関露を女スパイとして汪兆銘政権の特務機関76号の李士群のもとに派遣していた人物だ。

新中国誕生以降の、まさに「中国人民」を殺しただけでも、ざっと7000万人強。

これに、たとえば筆者が体験した卡子《チャーズ》における餓死者の数や、軍事情報を売り渡した日本軍に殺させた国民党軍人の数などを入れれば、もっと増える。中国人の中には、毛沢東が殺した中国人民の数を、その中にいた適齢期の男女が生んだであろう子供たちの数を入れて、1億人と見積もる者もいる。

少なめに見積もって7000万人、いや5000万人であったとしても、古今東西、人類の歴史上、一人でここまで多くの自国民を殺した者は、毛沢東をおいてほかにないのではないだろうか。

おまけに、これは戦争が終わった後に殺した自国民の数である。

戦争のためでなく、何もしなければ平和であり、国家建設に伴って国民に幸せをもたらしたであろう時期に殺戮した自国民の数なのだ。この事実ひとつから考えても、日中戦争時代に「中華民族を日本軍に売り渡す」くらいは、平気でやったであろうことは容易に想像がつくだろう。

それでも毛沢東はいま中国で、あこがれの神のごとき存在として崇められている。その意味では毛沢東の帝王学は成功したことになる。また、結果論的にいえば、毛沢東思想は中華人民共和国という国家をこんにちまで維持させることに成功しているのだから、それも「結果オーライ」ということになるのかもしれない。

謝幼田は『抗日戦争中、中国共産党は何をしていたか――覆い隠された歴史の真実』の中で、「毛沢東は大罪人であり、極悪人である」という趣旨のことを何度か書いているが、筆者はここまで来てもなお、実はそう思ってはいない。

毛沢東はただ「帝王学を極めた人物」であり、時局を俊敏に見極め、自分が勝つ戦略を実行していっただけで、それを「悪」と断罪するのか否かは、書き手側の主観の問題だ。筆者から見れば、毛沢東は「嘘の宣伝をさせる」ことも含めて戦略的であり、「正直」だったのであって、その意味では「あっぱれ」という畏敬の念さえ抱かせる。

ただし歴史を歪め、不都合な史実を永久に覆い続けるためには、中宣部（中国共産党中央委員会宣伝部）により創り上げられた「神話」が不可欠だったわけで、その「神話創り」に今もなお邁進している中宣部は、まさに罪作りだと言っていいだろう。もっとも、そのお蔭で、現在の共産党政権が招いている腐敗と不平等に対して、人民が「毛沢東のころは貧乏だったけれど平等で良かった」という「紅いノスタルジー」を抱く現象をもたらしているのだから、習近平政権も手こずっているにちがいない。

それでもなお、西安事件から約80年、今日に至るまでずっと「中華民族の夢、共産党の夢」を人々に刷りこんで洗脳してきた中宣部の力はあなどれない。

筆者は1946年4月、当時の長春市の書記だった林楓が派遣してきた趙兄さんの、革命と毛沢東への熱い思いを聞いて以来、長いことその「熱さ」を心のどこかに持ち続けてきたほどだ。それくらい、この洗脳の伝染力と浸透力には、すさまじいものがある。

あの若い八路軍は誰だったのか?

このたび本書を執筆しながら、ふと「趙安博」という名前が気になった。趙安博は本書第七章で書いた、毛沢東が日本からの客人に会うときにつけた通訳の一人だ。一人は廖承志で、もう一人は趙安博だった。

日本語が堪能で、趙という苗字……。

ハッとして趙安博の過去をネットで調べたところ、なんと彼は1945年10月に長春にあった満映の接収作業に関係し、おまけにその後、日僑管理委員会の中国側担当者になっていたことがわかった。

趙安博はあのとき、長春にいたのだ――。

父と非常に仲良かった林楓は、1948年から中共中央東北局常務委員となったような人物で、趙兄さんはその林楓が直接派遣した八路軍である。しかも当時ほとんどが農民出身の八路軍だった中にあって、趙兄さんは日本語が話せてインテリだった。笑うと目が細くなり優しい表情をした若い八路《パールー》。

彼は当時27歳。東京帝国大学に留学したことがあるらしい。

筆者は彼が言ってくれた「君は小英雄だ」という言葉に励まされ、天津の小学校でどんなに日本人として虐められても、この言葉によって心を支えてきた時期がある。一方では、卡子《チャーズ》の中では「趙兄さんの嘘つき」と恨み、「何が毛沢東だ、何が紅い太陽だ」と、つねに心の中で闘ってもきた。

あの趙兄さんが、趙安博だったのか――。

「未完の革命」と位置付けて、ピリオドが打てないと闘ってきた私の人生だったが、今ようやく、そのピリオドが打てるような気がする。趙兄さんが誰であったか、見当がついたからではない。それも少しあるが、熱かったはずのあの「革命」の実態が、ここに書いたようなものだったということを知ったからである。

点と点、線と線で囲まれた面の中で、熱く燃え上がっていった中国の民——。

彼らは本気で「革命」を信じ、「毛沢東」を信じていた。この私でさえ、趙兄さんのひとことで染まり、一生涯もがいてきたのだから。

あのせっぱ詰まった時代、趙兄さんがそうであったように、八路軍や新四軍たち自身は、必死だったのだと信じている。彼らの名誉のために、彼ら自身は本気で中国を思い、戦ったときは勇猛果敢であったことを、ここに記す。

本書執筆に当たり、遠藤三郎氏のお孫さんである遠藤十九子様と狭山市博物館館員の方々および『支那派遣軍総司令官　岡村寧次大将』の著者・舩木繁氏のご夫人には大変ご親切にしていただいた。お礼を申し上げたい。『幻の日中和平工作　軍人 今井武夫の生涯』の著者で今井武夫氏のご子息である今井貞夫氏はご多忙の中、5000点にもおよぶ資料の中から揚帆に関する資料の有無を調べてくださり、感謝に堪えない。

実は、毛沢東に関して書いてくれ、というオファーが早くから新潮新書の横手大輔氏からあったのだが、他の本の執筆や講演などで時間が取れず延び延びになっていた。ようやく執筆を手掛けてみると、思いもかけず生涯の宿題の解答を見つけ出すことができたのは、ひとえに横手氏の熱意と誠意のお蔭である。中国が卡子《チャーズ》の事実を認めない限り「私の革命戦争」は終わらないと自らに言い続け、中国問題と闘ってきたのだが、もっと早く本命の毛沢東に焦点を絞るべきだったのかもしれない。毛沢東の心の変化に寄り添いながら徹底して事実を追いかけることによって、筆者自身の心の闘いに、ようやくピリオドを打てたように思う。横手氏に心から感謝する。

＊なお、筆者は日本軍の日本国内における詳細な情報に関して十分な知識を持っていない。事実誤認があった場合はお許しいただき、ぜひともご指摘ご教示いただければ幸いである。また本書は毛沢東の人生を描き、日中戦争の間に毛沢東が何をしたかに焦点を当てている。それ以外の詳細に関しては省略していることをご理解いただきたい。

【中国語】

『毛泽东年谱　一八九三―一九四九』上・中・下巻および『毛泽东年谱　一九四九―一九七六』第一巻～第六巻（中共中央文献研究室編、中央文献出版社、１９９３年）
『毛泽东传　１８９３―１９４９』（中共中央文献研究室編、中央文献出版社、１９９６年）
『毛泽东外交文选』（中華人民共和国外交部・中共中央文献研究室編、中央文献出版社・世界知識出版社、１９９４年）
『粟裕　战争回忆录』（粟裕著、解放軍出版社、１９８８年）
『聂荣臻回忆录』（陳漢民編集、解放軍出版社、１９８６年）
『我的回忆』第三冊（張国燾著、東方出版社、１９９８年）
『历史的回顾』（徐向前、解放軍出版社、１９８７年）
『潘汉年的情报生涯』（尹騏著、人民出版社、１９９６年）
『潘汉年传』（尹騏著、中国人民公安大学出版社、１９９７年）
『扬帆自述』（揚帆著、群衆出版社、１９８９年）
「蔣介石の手書きの日記原文」（スタンフォード大学フーバー研究所）
『汪精卫与陈璧君』（陈舒伟・郑瑞峰著、团結出版社、２００４年）

『廖承志与日本』（呉学文・王俊彦著、中共党史出版社、２００７年）
『现代稀见史料书系　中共50年（内部发行、仅供研究）』（王明著、徐小英等訳、東方出版社、２００４年）
『红太阳是怎样升起的 延安整风运动的来龙去脉』（高華著、香港中文大学出版、２０１１年）
『ＡＢ団与富田事変始末』（載向青・羅惠蘭著、河南人民出版社、１９９４年）
『中共壮大之謎　被掩蓋的中國抗日戰爭真相』（謝幼田著、明鏡出版社、２００２年）
『對日抗戰期間中共統戰策略之研究』（梅良眉編著、正中文庫、１９７７年）
『勦匪戰史』（蔣中正著、国防部史政局編印、１９６２年）
『中共黨的策略路線』（司法行政部調查局、１９５６年）
『中共史論』第三冊&第四冊（国立政治大学国際関係研究中心中文叢書系列第60冊）（郭華倫著、政治大学国際関係中心出版、１９６９年）
『何應欽将軍講詞選輯』（何應欽将軍講詞選輯編輯委員会、北何氏宗親會、１９６９年）
『歷史塵埃』（高伐林著、明鏡出版社、２００６年）

【日本語】

『抗日戦争中、中国共産党は何をしていたか——覆い隠された歴史の真実』（謝幼田著、坂井臣之助訳、草思社、２００６年）

『回想の上海』（岩井英一著、「回想の上海」出版委員会による発行、1983年）
『支那事変の回想』（今井武夫著、みすず書房、1964年）
『幻の日中和平工作　軍人 今井武夫の生涯』（今井貞夫著、中央公論事業出版、2007年）
『支那派遣軍総司令官　岡村寧次大将』（舩木繁著、河出書房新社、1984年）
『岡村寧次大将資料　戦場回想篇』（稲葉正夫編、原書房、1970年）
『現代史資料13　日中戦争5』（349頁〜398頁にある影佐禎昭による「曾走路我記」を参照した）（臼井勝美編、みすず書房、1966年）
『影佐禎昭——汪政権生みの親』（人物群像・昭和の軍人たち　第十四回）（雑誌『経済往来』1980年5月号）
「遠藤三郎氏の手書きの日記原文」（狭山博物館所蔵）
『日中十五年戦争と私』（遠藤三郎著、日中書林、1974年）
『将軍の遺言　遠藤三郎日記』（宮武剛著、毎日新聞社、1986年）
『蔣介石秘録』1〜14（サンケイ新聞社著、サンケイ新聞社出版局、1975年〜1977年）
『中国のなかのソ連——蔣介石回顧録』（蔣介石著、毎日新聞社外信部訳、毎日新聞社、1957年）
『敵か味方か—蔣介石総統の對日言論—』（東亜問題史料叢書の一、東亜出版社、1952年）
『同生共死の実体——汪兆銘の悲劇』（金雄白著、池田篤紀訳、時事通信社、1960年）
『周仏海日記』（周仏海著、蔡徳金編、村田忠禧・楊晶・廖隆幹・劉傑訳、みすず書房、1992年）

参考文献

『延安日記』（ピョートル・ウラジミロフ著、高橋正訳、サイマル出版会、1973年）
『戦史叢書　北支の治安戦』〈1〉&〈2〉（防衛庁防衛研修所戦史室著、朝雲新聞社、1968・1971年）（日中戦争中の中共軍の活躍に関する描写の出典を調べるために見たのみ。）
『動乱の眼――アジア・アラブの指導者と語る』（辻政信著、毎日新聞社、1958年）
『中国がひた隠す　毛沢東の真実』（北海閑人著、廖建龍訳、草思社、2005年）
『革命の上海で――ある日本人中国共産党員の記録』（西里竜夫著、日中出版、1977年）
『毛沢東思想万歳』（上・下）（東京大学近代中国史研究会訳、三一書房、1975年）（毛沢東が言った「進攻」を「侵略」と訳していることをチェックするために見たのみ。）

遠藤 誉　1941(昭和16)年中国生まれ。国共内戦を経験し53年に帰国。東京福祉大学国際交流センター長。筑波大学名誉教授。理学博士。著書に『卡子（チャーズ）——中国建国の残火』など多数。

Ⓢ新潮新書

642

毛沢東《もうたくとう》

日本軍《にほんぐん》と共謀《きょうぼう》した男《おとこ》

著　者　遠藤《えんどう》　誉《ほまれ》

2015年11月20日　発行
2021年 7 月30日　7 刷

発行者　佐藤隆信

発行所　株式会社新潮社
〒162-8711　東京都新宿区矢来町71番地
編集部(03)3266-5430　読者係(03)3266-5111
http://www.shinchosha.co.jp

印刷所　大日本印刷株式会社

製本所　加藤製本株式会社

ISBN978-4-10-610642-2　C0222

価格はカバーに表示してあります。

新潮新書

820
ケーキの切れない非行少年たち
宮口幸治
認知力が弱く、「ケーキを等分に切る」ことすら出来ない——。人口の十数%いるとされる「境界知能」の人々に焦点を当て、彼らを学校・社会生活に導く超実践的なメソッドを公開する。

903
どうしても頑張れない人たち
ケーキの切れない非行少年たち2
宮口幸治
彼らはサボっているわけではない。頑張れないがゆえに、切実に助けを必要としているのだ。困っている人たちを適切な支援につなげるための知識とメソッドを、児童精神科医が説く。

901
自衛隊最高幹部が語る令和の国防
岩田清文　武居智久
尾上定正　兼原信克
台湾有事は現実の懸念であり、尖閣諸島や沖縄も戦場になるかも知れない——。陸海空の自衛隊から「平成の名将」が集結、軍人の常識で語り尽くした「今そこにある危機」。

882
スマホ脳
アンデシュ・ハンセン
久山葉子訳
ジョブズはなぜ、わが子にiPadを与えなかったのか？　うつ、睡眠障害、学力低下、依存……最新の研究結果があぶり出す、恐るべき真実。世界的ベストセラーがついに日本上陸！

169
貝と羊の中国人
加藤徹
財、貨。義、善。貝と羊がつく漢字には、二つの祖先から受け継いだ中国人の原型が隠れている。漢字、語法、流民、人口、英雄、領土、国名の七つの視点から読み解く画期的中国論。